Videomundo

Viewer's Manual

Prepared by

Mediatheque Publishers Services

Philadelphia, Pennsylvania

Holt, Rinehart and Winston
Harcourt Brace College Publishers

Fort Worth Philadelphia San Diego New York Orlando Austin San Antonio
Toronto Montreal London Sydney Tokyo

ISBN: 0-03-017017-6

Address for editorial correspondence:
Harcourt Brace College Publishers, 301 Commerce Street, Suite 3700, Fort Worth, Texas 76102

Address for Orders:
Harcourt Brace & Company, 6277 Sea Harbor Drive, Orlando, Florida 32887-6777, 1-800-782-4479 or 1-800-435-0001 (in Florida).

Printed in the United States of America

6789012345 023 0987654321

The Videomundo Videocassette Program and Viewer's Guide

Statement of Purpose

The *Videomundo* videocassette program is a valuable component for all intermediate and advanced Spanish programs and can be used in conjunction with any textbook, reader, or miscellaneous materials. *Videomundo* consists of 27 video segments grouped into eight cultural units: *El arte y la música, La cocina hispánica, De viaje, La creciente influencia hispana en los Estados Unidos, La salud y la religión, Fiestas y festivales, La mujer hispana, Los deportes.* The authentic material featured in this program gives students an insightful introduction to Spanish and Spanish-American societies and to the world of Hispanics in the United States. Video segments include interviews with Hispanics from all walks of life, footage of cultural events shot on location in the Spanish-speaking world, and shots of sites popular with visitors to Spanish-speaking countries.

The *Videomundo Viewer's Guide* is an essential part of the *Videomundo* videocassette program. The *Guide*, designed for self-study, provides students with exercises and activities for each of the 27 video segments. These exercises and activities, centered around vocabulary building, culture, and self-expression, are structured to improve the intermediate or advanced students' comprehension and usage of Spanish.

Chapter Contents

Each of the 27 chapters begins with a presentation of the vocabulary heard in the video segment, grouped into two categories: **Palabras afines** and **Otras palabras y expresiones**. The vocabulary is organized in this way so that students will be prepared to listen for the easily identifiable cognates and will concentrate on non-cognate material in their preparation for the video viewing. Most chapters also have a vocabulary section called **Suplemento**, which presents new vocabulary and expressions related to the cultural theme of the chapter. The **Suplemento** provides students with additional cultural and lexical information that will be useful to them in writing or speaking about the video.

The vocabulary is followed by the section called **Notas** which elucidates the cultural aspects of the video. The **Notas** contain information about geography, history, art, music, and food that is relevant to the video segment and that will help students understand the ideas and reactions of the people who appear in the video.

Each chapter of the *Videomundo Viewer's Guide* contains several different types of **Ejercicios**, exercises which are designed to keep student interest and motivation high. The vocabulary exercises, intended to help students make the new lexical material part of their active repertoire, are planned to make the vocabulary work engaging as well as profitable. The comprehension exercises help students check their accuracy in listening. Students who have difficulty with these exercises should be encouraged to view the relevant video segment again and to recheck the comprehension exercises after the additional viewing. Varied free expression exercises are provided, including the **Escenas de la vida**, which encourage students to create a personalized spin-off of the material in the video, thus obliging them to think about the cultural information of the segment. Other types of writing exercises include dialogues, recipes, ideas for research and reports, and summaries. All of these composition exercises encourage students to use the vocabulary of the chapter to express their own ideas, thus providing a vital support to the goal of vocabulary building. Writing exercises that require additional research also contribute importantly to developing the students' reading skills in Spanish.

Flexibility of the Program and Guide

Segments of the *Videomundo* videocassette program accompanied by the *Viewer's Guide* can be used in any order to enhance whatever topic or material is being covered in class.

Instructors should feel free to adapt the elements of the *Videomundo Viewer's Guide* to the needs of their classes. For instance, instructors who want to use the video as a basis for class discussion will note the ease with which they can convert many of the composition topics into conversation activities.

A full transcript of the video and an answer key to the exercises in the *Viewer's Guide* are available in a separate volume from the publisher.

ÍNDICE

El arte y la música

La cocina hispánica

De viaje

La creciente influencia hispana en los Estados Unidos

La salud y la religión

Fiestas y festivales

La mujer hispana

Los deportes

VIDEOMUNDO
EL ARTE Y LA MÚSICA

1. VISIONES DEL PUEBLO: UNA EXPOSICIÓN DEL ARTE FOLKLÓRICO DE LA AMÉRICA LATINA

Palabras y expresiones del video

la artesanía crafts; craftsmanship
precolombino antes de la llegada de Cristóbal Colón
suplementar sus ingresos ganar más dinero

Suplemento

la alfarería pottery (art)
el amate painting on bark *(Mexico and Guatemala)*
el cartón piedra papier mâché
la cerámica pottery (items)
la cestería basketmaking
la cometa kite
la corteza (de árbol) bark
el cuadro painting (canvas)
el cuero leather
la escultura sculpture
la estatuilla figurine
las joyas jewelry
la madera wood

el/la ónix onyx (also, **el ónice**)
el orfebre goldsmith, silversmith
la orfebrería goldsmithing, silversmithing
la pintura painting
la piñata a pot in the shape of an animal or another figure that is filled with sweets, hung, and broken when hit by a stick *(traditionally used on the first Sunday of Lent)*
la platería silversmithing
la sala room (of museum)
el tejedor weaver
tejer to weave
la visita acompañada (guiada) guided tour
la vitrina showcase

Ejercicio A. Empareje las palabras de la columna A que se encuentran en el video con su sinónimo de la columna B.

A	B
_____ 1. exposición	a. antifaz
_____ 2. cotidiano	b. finalidad
_____ 3. objeto	c. trabajador
_____ 4. propósito	d. exhibición
_____ 5. granjero	e. muestra
_____ 6. ejemplo	f. diario
_____ 7. máscara	g. agricultor
_____ 8. creador	h. cosa
_____ 9. obrero	i. autor

Harcourt Brace & Company

Ejercicio B.   Escoja la respuesta correcta a base de lo que Ud. oyó en el video.

1. La exposición se titula_____.
   a. Arte precolombino   b. Visiones del pueblo   c. Objetos cotidianos

2. El Museo Mexicano queda en _____.
   a. Los Ángeles   b. la ciudad de México   c. San Francisco

3. Casi todas las máscaras son de _____ y _____.
   a. Bolivia/Perú   b. México/Ecuador   c. Colombia/Panamá

4. La exhibición tiene arte de _____.
   a. dieciséis estados   b. diecisiete países   c. quince colecciones

5. Los objetos de arte fueron creados por y para _____.
   a. españoles   b. turistas   c. latinoamericanos

6. María Acosta Colón es _____.
   a. directora de museo   b. negociante   c. granjera

7. Algunos de los artesanos representados son _____.
   a. religiosos   b. albañiles   c. gigantes

8. Varios objetos que se ven son _____.
   a. de Europa   b. baratos   c. utilitarios

Ejercicio C.   Indique si las siguientes oraciones son ciertas (C) o falsas (F) a base de lo que Ud. oyó en el video.

_____ 1. La exposición de arte empieza con la época después de Colón.

_____ 2. Algunos artesanos son pescadores y obreros.

_____ 3. La mayoría de los objetos de arte fueron hechos en el siglo dieciséis.

_____ 4. El arte popular de la exhibición es de México y Latinoamérica.

_____ 5. En general los objetos de arte se usan en la vida cotidiana de la gente.

_____ 6. María Acosta Colón es de la época precolombina.

_____ 7. Hay cosas de uso religioso y ceremonial en el Museo Mexicano.

Ejercicio D.   Escriba los sustantivos, con su artículo, que están relacionados con las siguientes palabras que se usan en el video.

1. titulado _____

2. folklórico _____

3. religioso _____

4. utilitario _____

5. recreativo _____

Harcourt Brace & Company

6. individual _____

7. ceremonial _____

8. decorativo _____

Ejercicio E. Escriba los verbos que están relacionados con los siguientes sustantivos que se mencionan en el video.

1. el reflejo _____

2. la exposición _____

3. el pescador _____

4. la herencia _____

5. la muestra _____

6. la exhibición _____

7. el pueblo _____

8. la creación _____

Ejercicio F. En un mercado mexicano
En el Mercado Central de Artesanías de la Plaza Ciudadela, patrocinado *(sponsored)* por el gobierno mexicano, se encuentran artesanos de todo México que trabajan en su taller. Lea Ud. en qué medio trabajan estos artesanos y escriba lo que son.

Modelo   Pablo realiza carteras y cinturones de cuero con gran artesanía.
         Pablo es <u>artesano.</u>

1. Martín se dedica a la alfarería.

   Martín es _____

2. Jesús es conocido por su platería.

   Jesús es _____

3. Anita trabaja en cestería.

   Anita es _____

4. Juan Diego realiza piezas hermosas de orfebrería.

   Juan Diego es _____

5. Mari Carmen emplea esmeraldas, rubíes y zafiros en su joyería.

   Mari Carmen es _____

Harcourt Brace & Company

6. Leonardo hace escultura en madera.

   Leonardo es _____

7. Teresa usa acuarelas en su pintura.

   Teresa es _____

8. Paquita teje sarapes y mantas.

   Paquita es _____

9. Tomás hace piñatas de cartón piedra, cometas y otros objetos de papel.

   Tomás es _____

Ejercicio G. ¿Qué dijeron en el video? Escoja la frase de la columna B que complete la frase de la columna A.

A	B
___ 1. cubre la herencia cultural...	a. fueron fabricados en este siglo
___ 2. la mayoría de estos objetos...	b. de la continua vitalidad y dinamismo de la tradición
___ 3. contrario a las obras hechas...	c. parecen ser simplemente objetos de juego
___ 4. muchas formas del arte popular recreativo...	d. de la América Latina
___ 5. dedican su tiempo libre...	e. de máscaras que se utiliza en varios países de América Latina
___ 6. sirve como testamento	f. para la exportación y el turismo
___ 7. también tenemos una muestra...	g. a la creación de esta artesanía

Harcourt Brace & Company

Ejercicio H. Complete las oraciones con las palabras que faltan escogiéndolas de la lista. Haga cambios donde sean necesarios.

platería   corteza   exposición
cerámica   precolombino   cesta
orfebrería   sarape   amate

1. En el Museo Nacional de Antropología, que queda en la ciudad de México, se ve una enorme colección de arte de las culturas _____. El objeto más grande de la _____ es la estatua de Tlaloc, dios de la lluvia azteca.

2. El Museo de Oro queda en Bogotá, capital de Colombia. Allí se ven algunos 30.000 objetos de _____ precolombina.

3. La primera plata que fue enviada a España durante la época colonial vino de las minas de Taxco. Por eso la _____ es muy importante en esta ciudad mexicana.

4. La ciudad mexicana de Oaxaca es muy conocida por su mercado indio. Los sábados llegan los indios zapotecas y mixtecas al mercado para vender sus _____ y objetos de _____.

5. Los indios tejen _____ de colores brillantes.

6. Unos artesanos se dedican a hacer _____, que son dibujos pintados en la culturas _____ de árbol.

Ejercicio I. Escenas de la vida: En el Museo Mexicano

Escriba una composición de siete u ocho oraciones en la cual Ud. hace el papel de guía de museo que lleva a un grupo de turistas españoles en una visita acompañada por las salas del Museo Mexicano de San Francisco. Imagínese los objetos que forman parte de la exposición de arte popular "Visiones del Pueblo" y descríbaselos a los turistas; por ejemplo, diga qué son (cesta, estatuilla, etcétera), dónde se encuentran (en la vitrina, en la pared), de qué son (de oro, plata, ónix, cartón piedra, etcétera), de dónde son, de qué civilización y de qué siglo son, etcétera.

_____

_____

_____

_____

_____

Harcourt Brace & Company

_____

_____

_____

_____

_____

_____

_____

_____

_____

_____

_____

Ejercicio J. Composición. Escriba Ud. un resumen de cinco o seis oraciones del contenido del video.

_____

_____

_____

_____

_____

_____

_____

_____

_____

_____

_____

Ejercicio K. Composición. Escriba una composición de seis oraciones sobre los objetos que se encuentran en su casa que Ud. quisiera incluir en una exposición de "El arte folklórico de los Estados Unidos".

_____

_____

_____

_____

_____

_____

_____

_____

_____

_____

_____

_____

_____

_____

_____

_____

_____

Harcourt Brace & Company

Palabras y expresiones del video

el cerco fence, circle, siege
ciudad de fundación romana ciudad establecida por los romanos
los gitanos un pueblo sin domicilio fijo que vive en Europa; su lugar de origen es el norte de la India.
el kilómetro 5/8 de una milla
el payo campesino
el promontorio altura de tierra considerable, generalmente formando un cabo *(cape)*
rocoso que tiene rocas o piedras grandes

Suplemento

el caló lenguaje de los gitanos
la castañuela instrumento músico que tiene dos tablillas que se fijan a los dedos y se repican *(sound)* vivamente; sirven para acompañar muchos bailes españoles
el gazpacho sopa fría típica de Andalucía; se hace con verduras, ajo, pan, aceite y vinagre
la mantilla prenda que usan las mujeres para cubrirse la cabeza; se usa la mantilla de encaje para lucir
la peineta peine alto de adorno; se pone la mantilla encima
el traje de volantes vestido flamenco típico con faralaes *(ruffles)* que lo rodean

Notas

- **El flamenco** describe el folklore andaluz de origen discutido: procede de Flandes o es de raíz árabe o fue llevado a España por los gitanos. Es un arte de música y baile que se encuentra entre los gitanos. El "cante jondo" flamenco comprende malagueñas (sin baile), soleares, seguiriyas, tientos y serranas. La música andaluza comprende malagueñas (Málaga), sevillanas (Sevilla), granadinas (Granada), rondeñas (Ronda) y seguidillas murcianas (Murcia) y manchegas (La Mancha).
- **El tablao** (tablado) es un espectáculo de flamenco.
- **La palma** se refiere a la manera en que se baten palmas al ritmo de la guitarra y del canto.
- **Alicante** capital de la provincia de Alicante, puerto español en el Mediterráneo
- **Benidorm** ciudad española en la provincia de Alicante
- **Cuenca** ciudad española que queda al sureste de Madrid; conocida por sus célebres casas colgantes del siglo XIV, que están muy restauradas
- **Elche** ciudad española en la provincia de Alicante, al oeste de la ciudad de Alicante
- **Sevilla,** capital de Andalucía, es la pintoresca ciudad andaluza por excelencia. Es famoso el barrio de Triana, el de los gitanos, que queda al sudoeste de la ciudad. Sevilla se conoce por su celebración de Semana Santa *(Holy Week)*, con sus defiles de *pasos* (etapas y escenas de la pasión de Jesucristo). Se destaca el *paso* del "Cachorro", que era el apodo del gitano agonizante que sirvió de modelo para una obra de arte. La Feria de Abril se celebra con el característico paseo de los caballistas, las mujeres vestidas de traje de volantes y los coches tirados por caballos briosos *(ligeros)*. Se realizan corridas y concursos de flamenco durante la Feria.

Harcourt Brace & Company

Ejercicio A. Escoja la respuesta correcta a base de lo que Ud. oyó en el video.

1. Cuenca queda al _____ de Madrid.

   a. norte   b. nordeste   c. sureste

2. Cuenca tiene _____ mil habitantes.

   a. treinta y tres   b. ciento sesenta y cinco   c. cincuenta y seis

3. Viven muchos _____ en Cuenca.

   a. indios   b. negros   c. gitanos

4. Según el gitano, se cree que los gitanos _____.

   a. llegaron a España hace poco tiempo
   b. son ociosos e irresponsables
   c. viven muy bien

5. Uno de los hombres entrevistados _____.

   a. toca la guitarra   b. baila flamenco   c. come un bocadillo

6. Cuenca es célebre por sus _____.

   a. tablaos flamencos   b. playas hermosas   c. casas colgantes

7. Un payo es un _____.

   a. gitano   b. negro   c. madrileño

8. El guitarrista comenzó a tocar la guitarra a la edad de _____ años.

   a. seis   b. ocho   c. doce

Ejercicio B. *¿Cómo lo sabe?* Escriba la palabra o la frase que Ud. oyó en el video que demuestre que las oraciones son ciertas.

1. El flamenco no se aprende.

   _____

2. Hace muchos años que los gitanos están en España.

   _____

3. Cuenca se encuentra en una colina peñascosa.

   _____

4. Ha habido música en la vida del guitarrista desde que era pequeño.

   _____

5. Un estereotipo del gitano es que es perezoso.

   _____

Harcourt Brace & Company

6. Cuenca fue parte del Imperio romano.

_____

7. Los hombres entrevistados esperan llegar a ser célebres como cantantes.

_____

Ejercicio C. Escriba los verbos relacionados con las siguientes palabras que se oyen en el video.

1. fundación _____

2. colgante _____

3. cerco _____

4. discriminación _____

5. normal _____

6. vago _____

7. oído _____

Ejercicio D. Escriba los sustantivos, con su artículo definido, que derivan de las siguientes palabras que se oyen en el video.

1. libre _____

2. romano _____

3. igual _____

4. distinguir _____

5. original _____

6. popular _____

7. expulsar _____

Ejercicio E. Indique si las siguientes oraciones son ciertas (C) o falsas (F) a base de lo que Ud. oyó en el video.

_____ 1. Cuenca fue fundada por los romanos.

_____ 2. Todos los gitanos españoles viven en Cuenca.

_____ 3. El hermano del guitarrista entrevistado toca las castañuelas.

_____ 4. Los hombres entrevistados son los Gypsy Kings.

_____ 5. Según uno de los entrevistados, existe la discriminación entre los gitanos.

_____ 6. El payo es el lenguaje de los gitanos españoles.

Harcourt Brace & Company

Ejercicio F.   La Feria de Abril
Ud. está pasando las vacaciones de abril en Sevilla. Describa lo que ve en la Feria escogiendo
las palabras o frases de la lista.

mantilla	castañuelas	tablao	gazpacho
palmas	paseo	guitarra	cante
coches	peineta	caballos	traje de volantes

¡El _____ (1) de caballistas es una maravilla! Y ahora van llegando los

_____ (2) tirados por los _____ (3) briosos. Las mujeres

llevan el hermoso _____ (4). ¡Qué colores más brillantes! Todas usan

_____ (5) y encima _____ (6) en el pelo. Allí hacen un

_____ (7) flamenco. Oigo la música de la _____ (8). ¡Y

cuánto repican las _____ (9)! Se baten las _____ (10) al

ritmo de la música. Me encanta el _____ (11) jondo. ¡Qué pintoresca es la

feria! ¡Y qué rico es el _____ (12)!

Ejercicio G.   ¿Qué dijeron en el video? Escoja la frase de la columna B que complete la frase de
la columna A.

A	B
____ 1. lo que pasa es que...	a. sobre un promontorio rocoso
____ 2. el origen del gitano es que...	b. en Alicante, Elche, Benidorm
____ 3. las curiosas casas colgantes...	c. yo cogí la guitarra
____ 4. hay una población...	d. le dan un carácter original
____ 5. Cuenca está construida...	e. toda su vida ha sido libre
____ 6. quieren dejar que...	f. notable de gitanos
____ 7. a partir de los ocho años...	g. el flamenco se lleva dentro
____ 8. los tablaos flamencos...	h. el gitano pase dentro, pero no

Ejercicio H. Escenas de la vida: La música folklórica
Escriba Ud. una composición de seis o siete oraciones sobre la música folklórica de los Estados
Unidos; por ejemplo, música ranchera americana o bailes étnicos. Explique cómo es la música,
qué instrumentos se tocan, cómo son las canciones y los bailes, qué ropa se usa, etcétera.

_____

_____

_____

_____

_____

_____

_____

_____

_____

_____

_____

Ejercicio I. Composición. Escriba Ud. un resumen de cinco o seis oraciones del video que vio.

_____

_____

_____

_____

_____

_____

_____

_____

_____

_____

_____

_____

_____

_____

Harcourt Brace & Company

Ejercicio J. Composición. Haga investigaciones sobre los gitanos de España, Rumanía, Hungría, Estados Unidos u otro país. Luego escriba un breve informe de siete u ocho oraciones sobre su vida y su cultura.

_____

_____

_____

_____

_____

_____

_____

_____

_____

_____

_____

_____

_____

_____

_____

_____

_____

Harcourt Brace & Company

Palabras y expresiones del video

Palabras afines

la armonía	curar	la influencia	primitivo
la compasión	el futuro	la oportunidad	racista
complementar	el indio	el patriotismo	representar
la cultura	el individuo	el planeta	la visión

Otras palabras y expresiones

abrazar to hug
el águila eagle
la bandera flag
la barrera de temor wall of fear
compartir to share
complacer (yo complazco) to please
la conciencia conscience
Dios el Todopoderoso Almighty God
la frontera border

la maraca instrumento músico hecho de una calabaza con piedrecitas dentro
medir (e>i) to measure
el músico musician
redondo round
el sonido sound
superarse to get ahead
tocar to play music
la tortuga turtle
la vara yard (*medida de longitud*)

Notas
- Santana emplea el anglicismo **realizar** en vez de **darse cuenta**.
- **Guadalajara**, segunda ciudad de México, es capital del estado de Jalisco. **Puerto Vallarta** es el puerto de Jalisco, y es también conocido como punto de veraneo.

Ejercicio A. Escoja la respuesta correcta a base de lo que Ud. oyó en el video.

1. Carlos Santana nació en _____.
   a. San Francisco   b. Tijuana   c. un pueblo entre Guadalajara y Puerto Vallarta

2. Santana llegó a los Estados Unidos en el _____.
   a. sesenta y tres   b. cincuenta y cinco   c. setenta y dos

3. La madre de Santana quería _____.
   a. que sus hijos se superaran en la vida
   b. seguir viviendo en Tijuana
   c. que su hijo Carlos jugara fútbol americano

4. A Santana no le gustan ni _____ ni _____.
   a. las tortillas/los tacos
   b. las banderas/las fronteras
   c. los españoles/los norteamericanos

5. Según Santana, el estereotipo del latino es una persona con _____.

a. guitarra   b. tortuga   c. sombrero y maracas

6. Santana dice que la verdadera música mexicana es _____.

a. primitiva   b. la de los indios   c. la de los Lobos

7. Santana dice que trata de _____.

a. complacer y servir a la gente   b. ganar un dineral   c. cantar como Linda Ronstadt

Ejercicio B. Clasifique las cosas que Ud. vio y oyó en el video según las categorías propuestas.

1. *instrumento músico (1)* _____

2. *animales (2)* _____

                        _____

3. *ciudades mexicanas (3)* _____

                                       _____

                                       _____

4. *conjunto de música mexicano (1)* _____

5. *ciudad de los Estados Unidos (1)* _____

6. *miembro de la familia de Carlos Santana (1)* _____

7. *personas de un país sudamericano (1)* _____

Ejercicio C. *¿Qué dijeron en el video?* Escoja la frase de la columna B que complete la frase de la columna A.

A	B
____ 1. Es mejor que...	a. soy un individuo
____ 2. A mí no me gustan...	b. todos seamos una familia
____ 3. Ella quería vivir...	c. la del indio
____ 4. Yo soy primero y último...	d. con la misma vara que mides un águila
____ 5. Allí hemos estado...	e. a todas mis hermanas y a todos mis
____ 6. Para mí la influencia mexicana es...	hermanos
____ 7. Trato de representar...	f. las banderas ni fronteras ni carteras
____ 8. No es justo medir una tortuga...	g. desde el sesenta y tres
	h. en esa parte del mundo

Ejercicio D. Indique si las siguientes oraciones son ciertas (C) o falsas (F) a base de lo que Ud. oyó y vio en el video.

_____ 1. Carlos Santana espera que su música quite el miedo.

_____ 2. A Santana no le gusta el patriotismo.

_____ 3. Santana habla del equipo de fútbol americano los Patriotas.

_____ 4. Santana vivió en Tijuana.

_____ 5. Santana lleva un pañuelo amarillo y morado en la cabeza.

Ejercicio E. Escenas de la vida: La filosofía de Carlos Santana

Escriba un resumen de diez oraciones sobre la filosofía de Carlos Santana a base de lo que él dijo en el video. ¿Qué cree Ud. que él diría de la paz, el odio, la tolerancia, etcétera?

_____

_____

_____

_____

_____

_____

_____

_____

_____

_____

_____

_____

_____

_____

_____

Ejercicio F. Composición
Escriba una composición de siete u ocho oraciones sobre los estereotipos de los latinos o los norteamericanos u otro grupo de personas.

_____

_____

_____

_____

_____

_____

_____

_____

_____

_____

_____

_____

_____

_____

_____

_____

_____

_____

_____

_____

Harcourt Brace & Company

Palabras y expresiones del video

Palabras afines

adorar	el continente	el individuo	la orquesta
África	la educación	la influencia	la percusión
el Caribe	existir	el instrumento	el piano
complicado	fascinante	legendario	el problema
la condición	la forma	el momento	

Otras palabras y expresiones

afrocaribeño Afro-Caribbean
afrocubano Afro-Cuban
agradable pleasant, enjoyable
agradecer (yo agradezco) dar las gracias
la alegría happiness
el alma soul; spirit, heart
el bailador dancer
bailar to dance
divino lovely

intrigar fascinar
la mente mind
obtener to get
la posición situation
la raíz root
sagrado sacred, holy
el sonido sound
el tambor drum

Suplemento

la barba beard
barbudo bearded
el bigote moustache
bigotudo moustached
el clarinete clarinet
el contrabajo double bass
el fagot bassoon
la flauta flute
el oboe oboe

los platillos cymbals
el ritmo rhythm
el saxofón saxophone
el teclado keyboard
la trompa horn
la trompeta trumpet
la viola viola
el violín violin
el xilófono xylophone

Bailes
- **el bolero** música española, cubana y venezolana
- **el chachachá** baile moderno parecido al mambo y a la rumba
- **la guaracha** música cubana y puertorriqueña
- **el mambo** música cubana

Notas
- **Ponce,** puerto en la costa sur de Puerto Rico, es la segunda ciudad de la Isla.
- **Manhattan** es el distrito (condado) de Nueva York donde quedan los lugares más famosos de la ciudad: los centros financiero y cultural, los teatros y cines, etcétera.

Ejercicio A. **Preguntas.** Conteste las siguientes preguntas a base de lo que Ud. oyó en el video.

1. ¿Quién es Eddie Palmieri?

   _____

2. ¿De dónde es Eddie Palmieri?

   _____

3. ¿Qué instrumento toca Eddie Palmieri?

   _____

4. ¿Dónde nacieron los padres de Eddie Palmieri?

   _____

5. ¿Cómo llegó Eddie Palmieri a tocar el piano?

   _____

6. ¿Cuánto tiempo hace que Eddie Palmieri dirige su propia orquesta?

   _____

Ejercicio B. Escoja la respuesta correcta a base de lo que Ud. oyó en el video.

1. Eddie Palmieri nació en mil novecientos _____.
   a. treinta y seis   b. veintisiete   c. cincuenta y cinco

2. Charlie es _____ de Eddie Palmieri.
   a. el padre   b. el amigo   c. el hermano mayor

3. A Eddie le fascina _____.
   a. el tambor   b. el saxofón   c. el xilófono

4. Eddie Palmieri le agradece a _____ por sus lecciones de piano.
   a. su mamá   b. su hermano   c. su profesor

5. Según Eddie Palmieri, la música afrocaribeña tiene sus raíces en _____.
   a. Puerto Rico   b. Cuba   c. Chile

6. De la música cubana salieron _____.
   a. los platillos y la trompa   b. el bolero y la guaracha   c. el violín y el fagot

7. La música cubana llegó a _____ a partir de los años _____.
   a. La Habana/treinta   b. Ponce/cuarenta   c. Nueva York/veinte

8. A Palmieri le da mucha alegría _____.
   a. tocar el piano para los bailadores
   b. darle lecciones de piano a Isabel Palmieri Maldonado
   c. bailar el chachachá y el mambo

Ejercicio C. ¿Qué vio Ud.?
Indique lo que Ud. vio en el video.

___ 1. Eddie Palmieri usa gafas.

___ 2. Eddie Palmieri toca el oboe.

___ 3. Una pareja baila.

___ 4. Los padres de Eddie Palmieri se ven en Ponce.

___ 5. Charlie Palmieri toca el contrabajo.

___ 6. Eddie Palmieri es calvo.

___ 7. Eddie Palmieri es bigotudo y barbudo.

___ 8. Se ven las calles de Nueva York.

Ejercicio D. Escriba los sustantivos o los adjetivos que derivan de los siguientes sustantivos y adjetivos que se oyen en el video. Escriba los sustantivos con su artículo definido.

1. el sonido _____

2. legendario _____

3. el bailador _____

4. divino _____

5. el estudiante _____

6. la influencia _____

7. complicado _____

8. la mente _____

9. Nueva York _____

10. la alegría _____

11. Puerto Rico _____

12. la educación _____

Ejercicio E. Complete las oraciones con las palabras que faltan escogiéndolas de la lista de vocabulario. Haga cambios donde sean necesarios.

el sonido	el alma	sagrado	la guaracha
el ritmo	agradable	el tambor	legendario

1. Se baila _____ en Cuba y Puerto Rico.

2. _____ es un instrumento de percusión.

Harcourt Brace & Company

3. Eddie Palmieri tiene _____ feliz.

4. Los espectáculos de baile son muy _____.

5. Los bailadores prefieren _____ afrocaribeños.

6. Le intriga _____ de ese instrumento afrocubano.

7. Se dice que Eddie Palmieri, músico tan célebre, es ya _____.

8. Palmieri le debe su música a su madre _____.

Ejercicio F. Escenas de la vida: Una orquesta
Ud. es director/directora de orquesta. Escriba una composición de siete u ocho oraciones sobre los músicos y los instrumentos de la orquesta y las actuaciones *(performances)* que van a hacer este mes-bailes, comidas, bodas, etcétera.

_____

_____

_____

_____

_____

_____

_____

_____

_____

_____

_____

_____

_____

_____

_____

_____

_____

Harcourt Brace & Company

Ejercicio G. Un diálogo por escrito

Escriba un diálogo de diez oraciones entre dos músicos. Por ejemplo, puede ser un diálogo entre el director de la orquesta y un clarinetista o entre un pianista y un contrabajista, etcétera.

Ejercicio H. Se lo agradezco mucho.

Eddie Palmieri le da las gracias a su mamá por iniciarlo en la música y el piano. ¿A quién le agradece Ud. por iniciarlo(la) en algo, que sea la música, la gastronomía, el arte, el tenis, la filatelía u otra cosa? Escriba una composición en la cual habla de su afición y de la persona que lo (la) inició en ella o escríbala en forma de carta destinada a la persona que lo (la) inició agradeciéndole por su atención.

Harcourt Brace & Company

Palabras y expresiones del video

Palabras afines

la creación	popular
el jazz	rítmico
latino	sensual
la música	tropical

Otras palabras y expresiones

afroantillano Afro-Antillean	**el genio** genius
afrocubano Afro-Cuban	**mezclar** to mix
el calor warmth	**mundial** world *(adj.)*
la celebridad fame	**reflejar** to reflect
la conga baile popular antillano y su música	**el sonido** sound
dedicar to devote	**la tranquilidad** calmness

Suplemento

el contrabajo bass	**la orquesta de jazz** jazz band
la flauta flute	**el tambor** drum
la guitarra guitar	**la trompeta** trumpet
el micrófono microphone	**el violonchelo** cello

Notas

- **Las islas Antillas** son un archipiélago que queda entre las Américas del Norte y del Sur enfrente de América Central. Las Antillas Mayores comprenden Cuba, Puerto Rico, Santo Domingo y Jamaica. Las Antillas Menores, que quedan al este del Caribe, comprende las islas de barlovento, de dónde viene el viento *(windward)* (Granada, Guadalupe, Martinica, etcétera) y las de sotavento *(leeward)*(Trinidad, Tobago, Aruba, etcétera).
- En la **Cuba** colonial la creación por los españoles de la industria azucarera a finales del siglo XVI hizo necesaria la importación de esclavos negros de África para el trabajo de los ingenios de azúcar *(sugar plantations)*. Así es cómo llegó la influencia africana a Cuba. La cosecha de la caña, llamada **zafra**, es el producto agrícola principal de Cuba.

Ejercicio A. **¿Qué vio Ud.?** Indique las cosas que Ud. vio en el video.

___ 1. una orquesta de jazz

___ 2. Mongo Santamaría toca tambores

___ 3. un flautista toca con micrófono

___ 4. dos saxofones

___ 5. unos mozos sirven comida

___ 6. un músico toca el violonchelo

___ 7. varias parejas bailan la conga

___ 8. se ve tocar un guitarrista

Ejercicio B. ¿Qué falta?
Llene los espacios en blanco con las palabras que faltan según Ud. oyó en el video.

1. los grandes _____ del jazz

2. Le ha dado una _____ mundial.

3. los sensuales _____ _____

4. músico _____ cubano

5. _____ _____ los últimos _____ años

6. sus congas _____

7. Su música _____ una _____ tropical.

Ejercicio C. Escriba los sustantivos y adjetivos que derivan de los siguientes sustantivos y adjetivos que se oyen en el video. Escriba el artículo definido con su sustantivo.

1. el genio _____

2. la creación _____

3. rítmico _____

4. la tranquilidad _____

5. sensual _____

6. la celebridad _____

7. mundial _____

8. popularísimo _____

9. latino _____

10. año _____

Harcourt Brace & Company

Ejercicio D. Escenas de la vida: La poesía afroantillana

Escriba Ud. un informe sobre la poesía negra o afroantillana. Lea algunos poemas de *Motivos de son* (1930) o *Sóngoro cosongo* (1931) del poeta cubano Nicolás Guillén (1902-1989) y algunos poemas de *Tuntún de pasa y grifería* (1937) de Luis Palés Matos (1898-1959), poeta puertorriqueño. Haga sus investigaciones sobre los poemas relacionándolos con los ritmos y temas afroantillanos.

_____

_____

_____

_____

_____

_____

_____

_____

_____

_____

_____

_____

_____

_____

_____

_____

_____

_____

_____

_____

_____

Harcourt Brace & Company

Ejercicio E. Composición
¿Le gusta el jazz latino? ¿Y la conga? ¿Oyó alguna vez la música de Mongo Santamaría?
Escriba una composición de diez oraciones sobre sus impresiones de esta música afroantillana.

_____

_____

_____

_____

_____

_____

_____

_____

_____

_____

_____

_____

_____

_____

_____

_____

_____

_____

_____

Harcourt Brace & Company

Palabras y expresiones del video

el ajo garlic
a la plancha on the grill
la almejita (almeja) clam
el bocadillo sandwich (*Spain*)
el carrito cart, wagon (store)
la cigala Norway lobster
congelado frozen
corriente common
el chorizo sausage (*Spain*)
derretir to melt
deslizarse to slip
el embutido sausage
en lata canned
la época season
los fiambres cold cuts
fresco fresh
los frutos secos dried fruits
la gamba prawn
huele (oler) mal it smells bad

el langostino prawn
el lenguado flounder, sole
la limpieza cleaning, cleanliness
la longaniza sausage (*Spain*)
la lotería lottery
la mandarina naranja más pequeña y aromática
los mariscos shellfish
la merienda afternoon snack
la merluza hake
mezclar to mix
el nene niño pequeño
el perejil parsley
el puesto stand
salado salty
la sepia cuttlefish
sobrar to be left over
la zona area

Suplemento

el alimento la comida
el arrozal rice field, rice paddy
la balanza scale
la clientela customers
correr (el) riesgo de to run the risk of
el delantal apron
enlatado en lata

estar a la venta to be on sale
en venta on sale
el kilo 2.2 libras
el letrero sign
la peseta la moneda española
pta., pts. abreviatura peseta(s)
P.V.P. (Precio de Venta al Público) retail price (*Spain*)

Nota

- **Valencia**, la tercera ciudad de España, es un puerto que queda a orillas del Mediterráneo. Es la capital de la provincia de Valencia y de la Comunidad Autónoma de Valencia. Es una zona agrícola muy importante. Hay grandes arrozales en la Albufera, que es un lago salado que queda a orillas del Mediterráneo. Y las famosas naranjas valencianas se exportan al extranjero.

Harcourt Brace & Company

Ejercicio A. Escoja la respuesta correcta a base de lo que Ud. oyó en el video.

1. La gente no suele ir al mercado central de Valencia _____.

   a. los martes   b. los domingos   c. los lunes

2. Las mamás españolas van mucho al mercado a las _____ o las_____ de
   la mañana.

   a. ocho/ocho y media   b. nueve/nueve y media   c. diez/once

3. La gente no va al mercado central después de las dos de la tarde porque _____.

   a. el mercado está cerrado   b. los nenes están en el colegio   c. no queda comida

4. _____ está en una sección del mercado que está apartada de los demás
   puestos.

   a. La fruta   b. La carne   c. El pescado

5. Los clientes corren riesgo de deslizarse porque _____.

   a. el pescado huele tan mal   b. el hielo se derrite   c. hay comida en el suelo

6. Los mariscos que se venden en el mercado son _____.

   a. importados   b. congelados   c. caros

7. _____ es la época de las naranjas.

   a. El verano   b. El invierno   c. Mayo

8. A los niños españoles les gusta comer _____ en _____.

   a. uvas/el parque   b. mandarinas/el colegio   c. peras/casa

Ejercicio B.   Ingredientes y recetas
Llene los espacios en blanco con los alimentos mencionados en el video.

1. A más de las frutas frescas se venden _____.

2. _____ y _____ son los pescados que se
   comen más en España.

3. Se venden productos en lata como _____ y

   _____.

4. Se compra agua_____ en el mercado.

5. Los clientes pueden escoger entre jamón _____ y jamón

   _____.

6. Una manera de cocinar la sepia es _____.

7. Mucha gente pone _____ en la sopa.

8. A los niños españoles especialmente les encantan _____.

29
Harcourt Brace & Company

9. Se prepara la sepia con _____, _____ y

_____.

10. Se comen mucho los bocadillos de _____, _____ y

_____.

Ejercicio C. Indique si las siguientes oraciones son ciertas (C) o falsas (F) a base de lo que Ud. oyó en el video.

_____ 1. Los españoles ya no comen kiwis porque son caros.

_____ 2. En España se come fiambres corrientemente en el desayuno.

_____ 3. La gente prefiere no ir al mercado central los lunes porque sobra comida del domingo.

_____ 4. No se venden bebidas alcohólicas en el mercado.

_____ 5. Lo que más les interesa a los compradores que van al mercado central son los productos frescos.

_____ 6. Las madres españolas suelen llegar al mercado central después de dejar a sus hijos en el colegio o en el autobús.

_____ 7. Los españoles aprecian el pescado congelado tanto como el fresco.

_____ 8. Los productos de limpieza están a la venta en el mercado central.

Ejercicio D. Escriba los sustantivos y adjetivos que derivan de los siguientes sustantivos y adjetivos que se oyen en el video. Escriba el artículo definido con el sustantivo.

1. fresco _____

2. el hielo _____

3. el invierno _____

4. exótico _____

5. la fruta _____

6. el colegio _____

7. central _____

8. el domingo _____

9. dulce _____

10. la mañana _____

11. salado _____

12. nacional _____

13. la suerte _____

14. alcohólico _____

Ejercicio E. De compras en el mercado central de Valencia
¿Vio Ud. los letreros en el mercado? Complete los letreros escribiendo las palabras que faltan, según Ud. los vio en el video. Luego calcule el precio de la comida por kilo.

1.

_____ fresca
1.600 pta. _____

2.

_____
300 1/4

3.

_____
Jabugo de Bellota p.v.p.
_____ _____ 13000

4. ¿Cuánto cuesta un kilo de lenguado?

_____

5. ¿Cuánto cuesta medio kilo de jamón?

_____

6. ¿Cuánto cuestan tres kilos de merluza?

_____

Ejercicio F. Escenas de la vida: La comida
Escriba una composición de diez oraciones describiendo los alimentos que Ud. compra y los platos que come para el desayuno, el almuerzo y la cena.

_____

_____

_____

_____

_____

_____

_____

_____

_____

_____

_____

_____

_____

_____

_____

Ejercicio G. Composición: Un anuncio de radio
Escriba un anuncio de diez oraciones para el mercado central de Valencia en el cual Ud.
describe la comida que está a la venta hoy, los precios, cómo es el mercado, cómo son los
tenderos y los clientes, etcétera.

_____

_____

_____

_____

_____

_____

_____

_____

_____

_____

_____

_____

_____

_____

_____

_____

_____

_____

_____

_____

Ejercicio H. Composición
Escriba una composición de diez oraciones sobre las semejanzas y las diferencias entre las costumbres españolas y las estadounidenses en cuanto a la compra de comida, basándose en lo que vio y oyó en el video.

_____

_____

_____

_____

_____

_____

_____

Harcourt Brace & Company

Palabras y expresiones del video

Palabras afines

africano	la contradicción	indio	la región
artístico	crear	la influencia	el restaurante
Atlántico	curioso	la intención	el tipo
atractivo	decorado	latino	tropical
básico	el elemento	la música	el uso
el café	europeo	obviamente	variado
la clientela	evidente	particularmente	
el condimento	existir	el plato	
contemporáneo	la forma	presentar	

Otras palabras y expresiones

el aceite de oliva olive oil
afroantillano Afro-Antillean
el ají chile, pimienta roja
amplio big
el arroz rice
asado roasted
atraer to attract
el bacalao(ito) codfish
el banano guineo, banana que se cocina (Caribe)
basado en based on
las bolas de papa potato balls
el camarón shrimp
caribeño Caribbean
    a la caribeña Caribbean style
el cerdo pig, pork
la cocina cuisine, cooking
cubrir to cover
los chicharrones pieces of fried lard
la chinola passion fruit
el dueño owner
dulce sweet
la ensalada salad
freír to fry
frito fried
el gandul kidney bean
el guineo plátano pequeño que se cocina (Caribe)

indígena native
el lechón suckling pig
el limón lemon
lograr conseguir
la manteca lard
la morcilla blood sausage
la naranja orange
la paella plato español de arroz con pollo, mariscos, etcétera, condimentada con azafrán (saffron)
la papa patata (Spain)
el pastelillo meat pie
el pedacito pedazo pequeño
prevalecer (prevalezco) to thrive, prosper
rebozado en covered with
la raíz root
rallado grated
el sabor flavor
sabroso tasty
el salmón salmon
la salsa sauce
el sonido sound
sobre todo especialmente
los tostones pan tostado empapado en aceite; cochinillo asado
el tubérculo tuber
la variedad variety
la yuca yucca (cassava, manioc)

Notas
- **La República Dominicana** es un estado de las Antillas que se encuentra en la isla de Santo Domingo. La capital del país es Santo Domingo.
- **Las Antillas** son un archipiélago que se encuentra en el Caribe. Las Antillas Mayores incluyen Cuba, Jamaica, Puerto Rico y Santo Domingo (la República Dominicana y Haití). Las Antillas Menores incluyen Trinidad, Tobago, Barbados y otras islas.
- **A la** + feminine form of adjective of nationality = *in the style of*. **A la caribeña** *Caribbean style*, **a la española** *Spanish style*.

Ejercicio A. Escoja la respuesta correcta a base de lo que Ud. oyó en el video.

1. La comida caribeña demuestra la influencia española en los platos basados en

   _____.

   a. el arroz   b. los tostones   c. el guineo

2. En la cocina afroantillana _____.

   a. se come mucha comida frita   b. no se come cerdo   c. no hay condimentos

3. Se le llama _____ al cerdo asado.

   a. morcilla   b. pastelillo   c. lechón

4. El Café Atlántico original está en _____.

   a. Trinidad   b. Washington, D.C.   c. Santo Domingo

5. El dueño del Café Atlántico es _____.

   a. cubano   b. dominicano   c. español

6. El Café Atlántico se especializa en platos _____.

   a. caribeños   b. sudamericanos   c. mexicanos

7. Se sirve el salmón a la caribeña con una salsa de _____.

   a. gandules   b. ajíes dulces   c. tomate

8. La yuca es _____.

   a. un pescado del Atlántico   b. una raíz caribeña   c. una salsa picante

9. La nueva cocina caribeña _____.

   a. presenta los ingredientes básicos de una manera más artística
   b. emplea más condimentos mexicanos y peruanos
   c. se prepara solamente en la República Dominicana

10. Según el dueño del Café Atlántico, su restaurante en Washington D.C.

    _____.

    a. intenta atraer clientes caribeños solamente
    b. es un lugar que llama la atención por su cocina, música y decoración
    c. es más próspero que el de Santo Domingo

Harcourt Brace & Company

Ejercicio B. Empareje las palabras de la columna A que se encuentran en el video con su descripción de la columna B.

A	B
___ 1. morcilla	a. marisco
___ 2. bacalao	b. "prima de la papa"
___ 3. guineo	c. manteca de cerdo frita
___ 4. camarón	d. plátano pequeño
___ 5. paella	e. arroz azafranado con pollo y otros ingredientes
___ 6. chicharrones	f. embutido
___ 7. yuca	g. pescado

Ejercicio C. ¿Qué es? Clasifique los siguientes alimentos que se mencionan en el video según las categorías que aparecen a continuación.

1. naranja	5. ají	9. limón	13. papa	17. chicharrones
2. arroz	6. camarón	10. morcilla	14. salmón	18. chinola
3. lechón	7. gandules	11. cerdo	15. yuca	
4. oliva	8. guineo	12. banano	16. bacalaoito	

(a) frutas

(b) pescado

(c) cereales

(d) tubérculos

(e) carne

(f) condimentos

(g) habas

(h) mariscos

Ejercicio D. ¿Qué oyó Ud.?
Escriba las palabras que faltan en las siguientes oraciones a base de lo que oyó en el video.

1. La comida caribeña tiene influencias _____, _____ y

   _____.

2. Roberto Álvarez es _____.

3. El primer Café Atlántico fue abierto en _____ hace

   _____ años.

4. La raíz tropical llamada _____ es parecida a _____.

5. La carne que se usa mucho en la cocina afroantillana es _____.

6. Se dice que el salmón a la caribeña es una contradicción porque _____.

7. _____ es un condimento que puede ser picante o dulce.

Ejercicio E. Escenas de la vida: En el Café Atlántico

Ud. es mozo (moza) y trabaja en el Café Atlántico en Washington, D.C. Un cliente hispano que no habla inglés le pregunta qué se sirve hoy. Dígale lo que hay escribiendo los siguientes platos de la carta en español.

1. *fried shrimp with olive sauce*

   _____

2. *salmon with lemon Caribbean style*

   _____

3. *a salad made with small bananas and little pieces of orange*

   _____

4. *roast suckling pig with potatoes*

   _____

5. *codfish with sweet red peppers and olive oil*

   _____

6. *blood sausage and fried pig lard*

   _____

7. *rice with cassava and passion fruit*

   _____

8. *pork meat pies*

   _____

9. *tropical fruits*

   _____

Ejercicio F. Composición: Una receta de cocina
¿A Ud. le gusta cocinar y crear platos interesantes? Bueno, invente un plato a base de los ingredientes que figuran en la lista o use otros. Escoja los verbos que le son necesarios para preparar el plato.

Ingredientes

aceite de oliva	yuca	naranja	cerdo
ají (dulce)	guineo	limón	pollo
sal	arroz		salmón
pimienta	papas		bacalao
ajo			camarones
perejil			

Preparación

añadir *to add*	lavar
asar *to roast*	pelar *to peel*
cortar	picar *to chop*
espolvorear *to sprinkle*	rehogar *to brown* (Spain)
freír	remover (o>ue) *to stir*
hacer dorar *to brown*	salpimentar *to season*
hervir (e>i) *to boil*	tapar *to cover*

_____

_____

_____

_____

_____

_____

_____

_____

_____

_____

_____

_____

_____

Harcourt Brace & Company

_____

_____

_____

Ejercicio G. Composición: Mi restaurante favorito
Escriba una composición de diez oraciones describiendo su restaurante favorito. Incluya el nombre del restaurante, los platos que se sirven, cómo es la decoración, la música, etcétera.

_____

_____

_____

_____

_____

_____

_____

_____

_____

_____

_____

_____

_____

_____

_____

_____

_____

Palabras y expresiones del video

los almenajes battlements
ajustado adjusted
alojarse to stay, room
amplio big
arquitectónico architectonic
la cadena chain
el castillo castle
la comodidad comfort, convenience
el conde count
conquistar to conquer
el convento convent
convertir en to become
decorado decorated
deteriorar to deteriorate
el edificio building
encantador charming
el entorno el ambiente
el establecimiento establishment
estatal state *(adj.)*
el estilo style
la fortaleza fortress
la gastronomía gastronomy
el gerente manager
el gobierno government
gozar disfrutar
guardar to keep
la habitación room
habitado inhabited
hotelero pertaining to hotels

el infante infante, prince
intentar tratar de
la línea line
lujoso luxurious
mantener to maintain
el monasterio monastery
el moro Moor
el palacio palace
el parador hotel del gobierno español
la pared wall
pertenecer (yo pertenezco) to belong
pintoresco picturesque
la pintura painting
la política policy
potenciar to make possible, increase possibilities of
la prioridad priority
la provincia province
el pueblecito pueblo pequeño
reflejar to reflect
rehabilitar to rehabilitate
renovado renovated, redecorated
el romano Roman
situado located
la torre tower
utilizar to use
el visigodo Visigoth
las vistas view
la zona la región

Notas
- **Toledo,** a orillas del río Tajo, queda al sur de Madrid. Fue capital de la España visigoda, gran centro intelectual bajo el rey Alfonso X el Sabio (1221-1284) y residencia de la corte española hasta 1560.
- **El Entierro del Conde de Orgaz** es un cuadro de El Greco que está en la iglesia de Santo Tomé en Toledo, España. **El Greco** nació en Creta en 1541 o 1542 y murió en Toledo en 1614 donde vivió y pintó la mayor parte de su vida.
- **El infante don Juan Manuel** nació en Escalona (Toledo) en 1282 y murió en 1348. Fue sobrino del rey Alfonso X *el Sabio* y príncipe de la corona de Castilla. Se destaca don Juan Manuel en las letras medievales por su *Libro de Patronio o Conde Lucanor* (1335), colección de cincuenta y un cuentos didácticos y morales.

- **Chinchón**, ciudad de la provincia de Madrid, tiene ruinas romanas y árabes. Chinchón es conocido en toda Europa por la condesa de Chinchón, que en el siglo XVII introdujo en el continente el uso de la quina contra la fiebre. Chinchón se conoce también por sus alcoholes: anís, anisette y ginebra.

Ejercicio A. Escoja la respuesta correcta a base de lo que Ud. oyó en el video.

1. Los paradores españoles _____.
   a. son hoteles particulares
   b. forman parte de una empresa internacional
   c. pertenecen a una cadena del Estado español

2. Los paradores suelen utilizar _____.
   a. fábricas   b. castillos y fortalezas   c. almacenes

3. Actualmente la cadena estatal tiene _____ paradores.
   a. ochenta y tres   b. setenta y seis   c. cuarenta y dos

4. Un _____ por ciento más o menos de los paradores se encuentran en edificios históricos y artísticos.
   a. cincuenta   b. noventa   c. cuarenta

5. Todos los paradores están en _____.
   a. lugares pintorescos   b. pleno centro   c. balnearios

6. El parador que está en el castillo de Alarcón _____.
   a. es del siglo dieciocho
   b. tiene habitaciones en la torre de almenaje
   c. queda a orillas del Mediterráneo

7. El parador Conde de Orgaz se encuentra en _____.
   a. Chinchón   b. Toledo   c. Zaragoza

8. Todos los paradores _____.
   a. reflejan el estilo arquitectónico de la región
   b. son museos rehabilitados
   c. se remontan al siglo dieciséis

9. El parador de Chinchón es _____.
   a. una fortaleza   b. un castillo   c. un convento

10. El parador de Alarcón es una fortaleza que _____.
    a. fue conquistada a los moros en el siglo XII
    b. fue habitada por el Conde Lucanor
    c. queda en Galicia.

Ejercicio B. Complete las siguientes oraciones con las palabras del video que faltan escogiéndolas de la lista. Haga los cambios necesarios.

gastronomía	alojarse	lujoso	torre de almenaje
entorno	fortaleza	parador	castillo
habitación	vistas		

1. Los señores Suárez visitaron varias ciudades españolas donde

   _____ en los _____ nacionales.

2. Los paradores eran viejos _____ y _____ .

3. Gozaron mucho del _____ tan auténtico.

4. Las _____ desde la _____ del parador de

   Alarcón eran espléndidas.

5. En Toledo se quedaron en un parador con una _____ muy

   _____ .

6. ¡Disfrutaron de la magnífica _____ también!

Ejercicio C. ¿Qué dijeron en el video?
Escoja la frase de la columna B que complete la frase de la columna A.

A	B
___ 1. Los paradores son castillos, palacios y monasterios…	a. su famoso *El Conde Lucanor*.
___ 2. Hernán Martínez de Ceballos…	b. magníficas vistas de la ciudad de Toledo.
___ 3. Aquí escribió el infante don Juan Manuel…	c. pero siemore guardando el estilo original de la zona.
___ 4. Ud. va a estar viviendo en el siglo dieciséis-diecisiete…	d. conquistó a los moros esta fortaleza.
___ 5. Aquí el turista puede gozar de…	e. servir de instrumento al gobierno en su política turística.
___ 6. Va a disfrutar de…	f. porque el entorno es auténticamente de esa época.
___ 7. Después hay otros paradores también de línea más moderna…	g. todo renovados y convertidos en hoteles con todas las comodidades de los grandes hoteles lujosos.
___ 8. Esta cadena estatal tiene como objetivo…	h. lo que es la gastronomía local.

Ejercicio D.
Escriba Ud. ocho razones por las cuales se alojaría en un parador si visitara España.

_____

_____

_____

_____

_____

_____

_____

_____

_____

_____

_____

_____

_____

_____

_____

Ejercicio E. Escenas de la vida: En un parador

Imagínese que Ud. se aloja en un parador español por tres o cuatro días. Escriba una composición de siete u ocho oraciones en la cual describe detalladamente cómo es, dónde queda, cómo es el paisaje, cuáles son los lugares históricos y artísticos de la región, etcétera.

_____

_____

_____

_____

_____

_____

_____

_____

_____

Harcourt Brace & Company

_____

_____

_____

_____

_____

Ejercicio F. Composición
Haga Ud. un resumen de siete u ocho oraciones del video que vio.

_____

_____

_____

_____

_____

_____

_____

_____

_____

_____

_____

_____

_____

_____

Harcourt Brace & Company

Palabras y expresiones del video

Palabras afines

activo	la economía	la identidad	permanente
africano	económico	la independencia	petroquímico
el área	el elemento	independiente	el pirata
la capital	el estatus	indio	la planta
el centro	étnico	la industria	político
el clima	europeo	la influencia	popular
la combinación	exótico	el interés	la presencia
el congreso	fabuloso	mantener	presidencial
cosmopolita	famoso	misterioso	la protección
la cultura	farmacéutico	moderno	el radar
cultural	geográfico	el momento	la situación
la década	la historia	notable	tropical
la definición	histórico	la opinión	el/la turista

Otras palabras y expresiones

abogar por hablar en favor de
alcanzar to reach
la anexión annexation
el ataque attack
atraer to attract
el bosque forest
el campo de golf golf course
el castillo castle
el centro comercial mall
el ciudadano citizen
la colonia colony
el coloniaje gobierno o período colonial
concernir (e->ie) to concern
convertirse en (e->ie) to become
el corazón heart
cruzar to cross
el desarrollo development
el destino destiny
el diablo devil
disfrazado hidden, concealed
disminuir to drop, fall, decrease
el edificio building
las elecciones election
el empaque packaging, form
la estadidad statehood
el estado libre asociado commonwealth

la estatua statue
firmemente firmly
la flor flower
la fortaleza fortress
la garita sentry box
el gobernador governor
gozar to enjoy
idealmente ideally
la iglesia church
el invasor invader
la isla island
la leyenda legend
la libertad freedom
el mar sea
el mensaje message
la montaña mountain
el pájaro bird
la palmera palm tree
particular peculiar, individual
el partido party (political)
pedir permiso to ask for permission
la playa beach
pluvioso rain (adj.)
el poder power
progresista progressive
el pueblo town, people

la relación estrecha close relationship
servir de to serve as
el sitio place
situado located
el sueño dream
tomar una decisión to make a decision

la ventaja advantage
vinculado tied up with, bound together, connected
votar to vote
el yugo yoke

Notas

- **Borinquen** es el nombre indígena de Puerto Rico. De este nombre se deriva el adjetivo borinqueño.
- Los **tainos** son los indios arawakos que ocuparon las Antillas antes de los caribes. Éstos fueron feroces guerreros que vencieron a los arawakos en el siglo XV.
- **Ponce**, puerto del Caribe, queda en el centro de la costa sur de Puerto Rico. La arquitectura del **Parque de Bombas** *(fire house)* de Ponce es muy interesante.
- **Juan Ponce de León** (¿1460?-1521), conquistador español, exploró Puerto Rico y fue su primer gobernador en 1509. Fundó la ciudad de San Juan y descubrió la Florida en 1512. Murió en Cuba.

Ejercicio A. Escoja la respuesta correcta a base de lo que Ud. oyó en el video.

1. Los puertorriqueños _____.
   a. son de origen inca
   b. son ciudadanos de los Estados Unidos
   c. votan en las elecciones presidenciales

2. El castillo San Felipe del Morro _____.
   a. se encuentra en Ponce
   b. pertenece a la cadena de paradores puertorriqueña
   c. protegió San Juan contra los ataques de los piratas ingleses y franceses

3. Puerto Rico dejó de ser colonia española en _____.
   a. 1898   b. 1760   c. 1917

4. Borinquen es _____.
   a. el nombre taino de Puerto Rico
   b. una playa puertorriqueña
   c. una tribu india

5. El primer gobernador de la Isla fue _____.
   a. Luis Muñoz Marín   b. San José   c. Juan Ponce de León

6. La garita del diablo _____.
   a. es famosa en las leyendas cubanas
   b. se encuentra en la fortaleza San Cristóbal
   c. está en el Yunque

7. Ha habido desarrollo industrial en Puerto Rico en las industrias _____.
   a. petroquímicas y farmacéuticas
   b. pesqueras y textiles
   c. del automóvil y del acero

8. El Yunque es _____.
   a. un importante puerto del Caribe
   b. el radar más grande del mundo
   c. el único bosque tropical de los Estados Unidos

47

9. Desde mil novecientos cincuenta y dos Puerto Rico _____.
   a. ha sido independiente de los Estados Unidos
   b. es Estados Libre Asociado de los Estados Unidos
   c. pide anexión permanente a los Estados Unidos

10. La segunda ciudad de Puerto Rico se llama _____.
    a. Arecibo
    b. Ponce
    c. Luquillo

Ejercicio B. Empareje las palabras de la columna A que se encuentran en el video con su sinónimo de la columna B.

	A	B
____	1. vinculado	a. atravesar
____	2. yugo	b. ave
____	3. gozar	c. estar a favor de
____	4. pájaro	d. dominación
____	5. concernir	e. demonio
____	6. abogar por	f. conseguir
____	7. diablo	g. fortaleza
____	8. cruzar	h. unido
____	9. pluvioso	i. sierra
____	10. castillo	j. interesar
____	11. montañas	k. disfrutar
____	12. alcanzar	l. lluvioso

Ejercicio C. Indique si las siguientes oraciones son ciertas (C) o falsas (F) a base de lo que Ud. oyó en el video.

____ 1. Puerto Rico fue una colonia estadounidense por trescientos años.

____ 2. El Yunque es conocido por su vegetación exótica.

____ 3. Luquillo es una fortaleza que queda en San Juan.

____ 4. Puerto Rico se convirtió en Estado Libre Asociado bajo Muñoz Marín.

____ 5. El Partido Nuevo Progresista quiere que Puerto Rico sea independiente de los Estados Unidos.

____ 6. Según uno de los hombres entrevistados, el pueblo puertorriqueño quiere mantenerse vinculado con los Estados Unidos.

____ 7. La segunda ciudad de la Isla es Ponce.

Harcourt Brace & Company

Ejercicio D. Escriba las palabras relacionadas con algunas palabras que se oyen en el video. Escriba el artículo definido con los sustantivos.

1. la protección _____ *(verbo)*

2. étnico _____ *(sustantivo)*

3. el ataque _____ *(verbo)*

4. el ciudadano _____ *(sustantivo)*

5. la isla _____ *(adjetivo)*

6. el invasor _____ *(verbo)*

7. asociado _____ *(sustantivo)*

8. estrecho _____ *(sustantivo)*

9. progresista _____ *(sustantivo)*

10. disfrazado _____ *(sustantivo)*

11. la fortaleza _____ *(verbo)*

12. las elecciones _____ *(verbo)*

Ejercicio E. Escenas de la vida: La política de Puerto Rico
Escriba una conversación entre tres políticos puertorriqueños sobre la situación política de la Isla. Una persona explica por qué está a favor de mantener el estatus de Estado Libre Asociado; otra aboga por la estadidad de Puerto Rico; y la tercera, independentista, quiere que la Isla rompa su vínculo con los Estados Undios y que sea independiente.

_____

_____

_____

_____

_____

_____

_____

_____

_____

_____

_____

_____

_____

_____

_____

_____

_____

_____

Ejercicio F. Composición. Escriba Ud. un resumen de siete u ocho oraciones del video que vio.

_____

_____

_____

_____

_____

_____

_____

_____

_____

_____

_____

Harcourt Brace & Company

Palabras y expresiones del video

Palabras afines

la actividad	cívico	el festival	el origen
la arquitectura	colonial	la forma	prehispánico
barroco	el color	la historia	el producto
el carácter	la cultura	la independencia	religioso
la catedral	el chocolate	indio	el romanticismo
celebrar	el elemento	la influencia	
el centro	famoso	interior	

Otras palabras y expresiones

acudir venir
la aldea village
el antepasado ancestor
arbolado que tiene árboles
armoniosamente harmoniously
la artesanía handicrafts
claramente clearly
la cocina cuisine, cooking
la conquista conquest
convivir to coexist
cruzar to cross
diariamente todos los días
el diseño design
la época era
el estilo style
experimentar to experience
fiel faithful
fresco fresh
indígena native

el mercado market
el mole guiso preparado con salsa de chile, ajonjolí y pavo
pavimentado paved
la piedra stone
la plaza square
la practicalidad practicality
precisamente exactly
principal main
el pueblo town
reconocido recognized
reflejar to reflect
el reflejo reflection
remontarse to go back to
el sabor flavor
la salsa sauce
el siglo century
singular excepcional; único
el zócalo plaza principal

Suplemento

la alameda avenida arbolada
la alfarería earthenware
el barro clay
bordado embroidered
la cesta basket
el cuero leather
el chile ají, pimiento
la enchilada torta de maíz aderezada (cooked) con chile y rellena de carne, queso, etcétera

estampado tooled
el frijol bean, kidney bean
el guajolote pavo (México)
el huipil camisa de algodón bordada, sin mangas (usada por las aztecas y actualmente por las indias)
el jitomate tomate (México)
la manta blanket
el mescal bebida alcohólica (México)
la plaza mayor el zócalo

51

el pulque bebida alcohólica (*México*)
el rebozo mantilla
precolombino antes de la llegada de
    Cristóbal Colón al Nuevo Mundo
el sarape manta de lana de colores vivos

el tamal empanada de masa de harina
    de maíz envuelta en hojas de plátano
    y rellena de diferentes condimentos
la tortilla torta de harina de maíz
    mezclada con cal (*lime*) (*México*)

Notas

- **Hernán Cortés**, conquistador español, venció a los aztecas y tomó Tenochtitlán, su capital, el 13 de agosto de 1521. Una vez conquistada la capital, el dominio español se realizó por todo México. Así empezó el período colonial de la historia mexicana.
- **Oaxaca** queda a 531 kilómetros al sureste de la ciudad de México. Es una ciudad conocida por su mercado indio con sus sarapes, artesanía, bailes y festivales. Los sábados llegan indios zapotecas y mixtecas a vender sus cosas en el mercado. En el zócalo queda la catedral con su hermosa fachada (*facade*) barroca que fue construida en el siglo XVII.
- **El mole** es un guiso (*stew*) mexicano preparado con salsa de chile, ajonjolí (*sesame*) y carne de pavo.

Ejercicio A. Escoja la respuesta correcta a base de lo que Ud. oyó en el video.

1. El período colonial de México empezó con _____.
   a. el romanticismo   b. la Conquista   c. San Cristóbal

2. Oaxaca es célebre por su _____.
   a. cocina   b. actividad cívica   c. practicalidad

3. Se ve la influencia española en _____.
   a. la artesanía precolombina   b. el elemento prehispánico   c. las catedrales barrocas

4. El mole es _____.
   a. un festival indígena   b. de origen español   c. una salsa de chocolate

5. En 1521 _____.
   a. comenzó la época prehispánica
   b. los españoles conquistaron México
   c. México se independizó de España

6. El zócalo _____.
   a. se encuentra en las ciudades mexicanas coloniales
   b. se come con carne o pollo
   c. es un pueblo indígena

7. No reflejan la influencia indígena _____.
   a. las calles pavimentadas con piedras
   b. las plazas con árboles
   c. los diseños de la artesanía local

8. Oaxaca queda _____.
   a. a orillas del Atlántico   b. al sur de México   c. en la península de Yucatán

Harcourt Brace & Company

Ejercicio B. Escriba las palabras que derivan de las siguientes palabras que se oyen en el video. Incluya el artículo definido con los sustantivos.

1. arbolado _____ *(sustantivo)*

2. el estilo _____ *(verbo)*

3. fiel _____ *(sustantivo)*

4. el sabor _____ *(verbo)*

5. cívico _____ *(sustantivo)*

6. la aldea _____ *(adjetivo)*

7. el diseño _____ *(verbo)*

8. convivir _____ *(sustantivo)*

9. el romanticismo _____ *(adjetivo)*

10. el centro _____ *(adjetivo)*

11. la practicalidad _____ *(adjetivo)*

12. armoniosamente _____ *(sustantivo)*

Ejercicio C. Oaxaca: ciudad colonial típica
Empareje las palabras de la columna A que aparecen en el *Suplemento* con su definición o descripción que aparece en la columna B.

A	B
___ 1. huipil	a. manta de colores vivos
___ 2. zócalo	b. antes de Colón
___ 3. rebozo	c. bebida alcohólica
___ 4. mescal	d. plaza mayor
___ 5. sarape	e. se usa para hacer carteras y cinturones
___ 6. alfarería	f. mantilla
___ 7. cuero estampado	g. objetos de barro
___ 8. precolombino	h. camisa bordada

Harcourt Brace & Company

Ejercicio D. Indique si las siguientes oraciones son ciertas (C) o falsas (F) a base de lo que Ud. oyó en el video.

___ 1. El estilo barroco llegó a México de España.

___ 2. México se independizó de España en 1821.

___ 3. El pueblo colonial de Puebla es famoso por su cocina.

___ 4. La artesanía mexicana comenzó con la Conquista española.

___ 5. La gente va de compras al mercado de San Cristóbal igual que hacían sus antepasados.

Ejercicio E. Escenas de la vida: Comer a la mexicana
Escriba una composición de diez oraciones sobre la comida mexicana. Use los platos y los alimentos que figuran en la lista de vocabulario y busque otros en un libro de cocina mexicana para planear una comida espléndida.

_____

_____

_____

_____

_____

_____

_____

_____

_____

_____

_____

_____

_____

_____

_____

Ejercicio F. Composición
Usando la información del video como punto de partida, escriba un informe de once o doce oraciones sobre una ciudad mexicana colonial. Haga investigaciones sobre Taxco o Puebla escribiendo sobre su arquitectura, lugares históricos, artesanía, mercados, comida, etcétera.

_____

_____

_____

_____

_____

_____

_____

_____

_____

_____

_____

_____

_____

_____

_____

_____

_____

_____

_____

Palabras y expresiones del video

Palabras afines

la ambición	el departamento	local	el proceso
el aspecto	las elecciones	el miembro	la religión
el candidato	electo	la oportunidad	la responsabilidad
la colonia	el énfasis	la organización	rural
la comunidad	el futuro	la participación	el secretario
confrontar	la hispanización	la posición	urbano
la cultura	el honor	la presencia	
la década	latino	la presidencia	

Otras palabras y expresiones

el ambiente atmosphere	**el liderazgo** leadership
el campo field, country	**el mestizaje** mezcla de razas
compartir to share	**el nivel** level
crecer (yo crezco) to grow	**el puesto** position
creciente growing	**la raíz** root
el desarrollo development	**la realidad** reality, truth
doblar to double	**el senador** senator
la fe faith	**el sentido** sense
el gabinete cabinet	**soñar con** to dream of, about
el gobernador governor	**el trabajador** worker
el gobierno government	**la vivienda** housing
la herencia heritage	**la voz** voice

Nota
- **Puebla,** que queda al sureste de la ciudad de México, es una de las ciudades coloniales más famosas y más antiguas de México.

Ejercicio A. Escoja la respuesta correcta a base de lo que Ud. oyó en el video.

1. Henry Cisneros se crió en _____.
   a. San Antonio   b. Puebla   c. Los Ángeles

2. El padre de Cisneros nació en _____.
   a. México   b. Nuevo México   c. Tejas

3. Actualmente Cisneros es _____.
   a. político en San Antonio
   b. miembro del gabinete del presidente Clinton
   c. senador de La Florida

4. Cisneros se encarga de _____.
    a. finanzas   b. instrucción pública   c. desarrollo urbano

5. Según Cisneros, hay casi dos millones de _____ en Nueva York.
    a. cubanos   b. chicanos   c. puertorriqueños

6. Cisneros dice que la mayoría de los latinos viven en _____.
    a. ciudades   b. California   c. el campo

7. _____ es una ciudad del suroeste donde viven muchos latinos.
    a. Nueva York   b. Boston   c. El Paso

8. Hay una comunidad muy grande de cubanos en _____.
    a. Houston   b. Miami   c. Washington, D.C.

Ejercicio B. *¿Qué dijeron en el video?* Escoja la frase de la columna B que complete la frase de la columna A.

A	B
____ 1. Mis responsabilidades son…	a. en comida, en ropa, en colores, en música, en películas
____ 2. Si nosotros podemos compartir con este país…	b. un latino en este puesto
____ 3. Yo fui al colegio…	c. la comunidad latina tiene las raíces rurales
____ 4. Nunca hemos tenido…	d. de viviendas y desarrollo urbano de comunidades
____ 5. Tuve la oportunidad de…	e. y un día ganará un hispano
____ 6. Mucha gente cree que…	f. en Tejas
____ 7. Veremos candidatos para la presidencia…	g. servir en gobierno
____ 8. Va a ser la presencia latina, el ambiente latino…	h. algo de nuestro sentido de familia

Ejercicio C. Derive el verbo de las siguientes palabras que se oyen en el video.

1. el desarrollo _____

2. urbano _____

3. la hispanización _____

4. sobresaliente _____

5. el gobernador _____

6. el ambiente _____

7. la raíz _____

8. la herencia _____

Harcourt Brace & Company

9. electo _____

10. la participación _____

Ejercicio D. ¿Cuáles son las palabras que Ud. oyó en el video que están relacionadas con las siguientes palabras?

1. la candidatura _____

2. el crecimiento _____

3. el líder _____

4. el campesino _____

5. el sueño _____

6. responsable _____

7. el mestizo _____

8. gubernamental _____

Ejercicio E. Escriba las palabras o las frases que se oyen en el video que tienen el siguiente significado. Escriba el sustantivo con su artículo definido.

1. período de diez años _____

2. miembro de una cámara del Congreso de los Estados Unidos

   _____

3. casas, apartamentos, alojamientos _____

4. mezcla de razas _____

5. personas de habla española _____

6. planificación de ciudades _____

7. conjunto de secretarios de departamentos gubernamentales

   _____

8. calidad de jefe o dirigente _____

Ejercicio F. Los políticos

Exprese en inglés el título de los siguientes políticos.

1. secretario de la Defensa

   _____

2. senadora de Tejas

_____

3. presidente de la Cámara de Representantes

_____

4. alcalde de Nueva York

_____

5. gobernador de Michigan

_____

6. subsecretario de Relaciones Exteriores

_____

7. secretaria de Trabajo

_____

8. diplomáticos y estadistas

_____

Ejercicio G. Escenas de la vida: Una chicana eminente
Escriba una composición de ocho oraciones sobre Linda Chávez, política norteamericana de origen mexicano. Es presidenta del Center for Equal Opportunity en Washington, D.C. Escriba una biografía de Chávez que incluya un breve resumen de su libro *Out of the Barrio.*

_____

_____

_____

_____

_____

_____

_____

_____

Harcourt Brace & Company

_____

_____

_____

_____

_____

_____

Ejercicio H. *Composición: Un retrato*

Escriba una composición de nueve o diez oraciones sobre un miembro de su familia (si son hispanos) o un amigo hispano. Mencione de dónde es, de qué origen es, cuándo llegó a los Estados Unidos, cuál es su profesión, etcétera.

_____

_____

_____

_____

_____

_____

_____

_____

_____

_____

_____

_____

_____

_____

Harcourt Brace & Company

_____

_____

_____

_____

_____

Ejercicio I. Composición: La instrucción bilingüe
¿Está Ud. a favor o en contra de la instrucción bilingüe? Escriba por lo menos seis razones que apoyen su postura.

_____

_____

_____

_____

_____

_____

_____

_____

_____

_____

_____

_____

_____

_____

Harcourt Brace & Company

Palabras y expresiones del video

Palabras afines

el agente	el director	latino	la relación
el centro	la discriminación	la noción	la religión
común	la droga	la política	la reportera
la comunidad	la educación	profesional	repugnar
crear	el estereotipo	progresivo	responder
la cultura	frecuentemente	racial	la tradición
definir	la historia	la realidad	

Otras palabras y expresiones

el acento accent	lucir (luzco) to look, appear
ancho wide	los medios media
a partir de from	la mentira lie
el arroz rice	el motivo reason
basado en based on	el músico musician
el bigote moustache	el pelotero jugador de béisbol
el campo field	la raza race
la costumbre custom	el sentido sense
el dicho saying	significar to mean
la equivocación mistake, error	la tortilla thin flat corn cake (*México*)
flojo lazy	vago lazy
los frijoles kidney beans	la zona area
el hecho fact	

Nota

- **Nachos con salsa** figura en la lista de platos "Tex-Mex", es decir, comida estilo mexicano con toque norteamericano. La salsa se hace con tomates, chile y otros condimentos. Los nachos son como trocitos de pan o tortillas curruscantes.

Ejercicio A. Escoja la respuesta correcta a base de lo que Ud. oyó en el video.

1. Tony Peña, Tony Fossas y Juan González son _____.

   a. músicos   b. peloteros   c. locutores

2. Un estereotipo de los latinos que mencionan los entrevistados es que _____.

   a. juegan fútbol   b. comen paella   c. son vagos

3. Amalia Barreda y Carlos Santana no dan crédito al estereotipo del mexicano como persona que _____ .

    a. duerme la siesta   b. vive en el campo   c. come nachos con salsa

4. Según Tony Peña el estereotipo negativo de los latinos tiene que ver con _____ .

    a. los robos   b. las mudanzas   c. las drogas

5. Según el director del Centro Hispano una de las equivocaciones más comunes que se hacen de la cultura hispana es que _____ .

    a. todos los hispanos tienen el mismo acento
    b. se define todo a partir de México
    c. todos los hispanos son de Puerto Rico

6. Un pelotero dice que en Cuba se come _____ .

    a. arroz y frijoles negros   b. nachos con salsa   c. tortillas

7. José Massó rechaza la idea de que todos los hispanos _____ .

    a. hablan español   b. tienen la misma historia   c. son de Puerto Rico

8. _____ habla del estereotipo del mexicano que duerme la siesta con un sombrero grande.

    a. Amalia Barreda   b. Waldert Rivera   c. Carlos Santana

Ejercicio B. Empareje las citas que Ud. oyó en el video que están en la columna A con las personas que las dijeron.

A	B
_____ 1. Nosotros no somos iguales a la cultura de Guatemala, a la cultura de Venezuela.	a. Juan González
_____ 2. Son estereotipos que se han creado a través de los años.	b. Carlos Santana
_____ 3. Yo no conozco a ningún mexicano ni mexicana que se duerma en el día.	c. Tony Fossas
_____ 4. Yo creo que tal vez es (son) las drogas.	d. José Massó
_____ 5. O que todos debemos lucir igual.	e. Amalia Barreda
_____ 6. Nosotros sabemos que nosotros venimos de afuera.	f. Tony Peña
_____ 7. Los mexicanos son flojos…Y claro es mentira eso.	g. Waldert Rivera

Ejercicio C. Sustantivos y adjetivos
Escriba los adjetivos o los sustantivos que derivan de los siguientes adjetivos y sustantivos que se oyeron en el video. Escriba el artículo definido con su sustantivo.

1. ancho _____

2. la mentira _____

3. la equivocación _____

Harcourt Brace & Company

4. el bigote _____

5. flojo _____

6. la discriminación _____

7. Guatemala _____

8. la raza _____

9. grande _____

10. el estereotipo _____

Ejercicio D. Pelotero y reportero
El sufijo **-ero** significa la profesión o el trabajo como en el caso de las palabras **pelotero** y **reportera** que se usaron en el video. A veces los adjetivos que terminan en **-ero** significan *amante de*, como por ejemplo, **una persona cafetera**. Escriba las palabras con desinencia en **-ero** que derivan de algunas palabras que se oyeron en el video.

1. _____ (*man who likes to take a nap*)

2. _____ (*woman who makes tortillas*)

3. _____ (*male political hack*)

4. _____ (*female hatmaker*)

5. _____ (*good for making sauce*)

6. _____ (*woman who deals in drugs*)

Ejercicio E. Indique si las siguientes oraciones son ciertas (C) o falsas (F) a base de lo que Ud. oyó en el video.

_____ 1. Los venezolanos tienen el mismo acento como los españoles.

_____ 2. En la Argentina se come arroz y frijoles negros.

_____ 3. La cultura de Guatemala se distingue de la de Puerto Rico.

_____ 4. Los mexicanos comen tortillas.

_____ 5. Existe el estereotipo de que los latinos son vagos.

_____ 6. La comunidad no es muy diversa en sí.

Ejercicio F. Escenas de la vida: Estereotipos de los norteamericanos
Escriba una composición de siete u ocho oraciones en la cual Ud. menciona por lo menos ocho estereotipos que tiene la gente de los norteamericanos o de los norteamericanos que son de ciertas regiones de los Estados Unidos. Si Ud. tiene un amigo/una amiga que es de otro país pregúntele cuáles son los estereotipos que tienen en su país de los norteamericanos.

_____

_____

_____

_____

_____

_____

_____

_____

_____

_____

_____

_____

_____

Ejercicio G. Composición: Estereotipos de los hispanos
Escriba una composición de siete u ocho oraciones sobre los estereotipos que Ud. tenía sobre los hispanos antes de conocer a algunos. Diga de dónde son y cómo son estas personas. Si Ud. viajó a España o a otro país hispánico escriba cómo cambió sus ideas sobre la gente y el país después de conocerlos.

_____

_____

_____

_____

_____

_____

Harcourt Brace & Company

_____

_____

_____

_____

_____

_____

_____

_____

_____

_____

_____

_____

_____

_____

_____

Ejercicio H. *Composición: Platos típicos*

En el video se mencionan platos que son típicos de ciertos países, por ejemplo, en Cuba se come arroz y frijoles negros. Escriba una lista de diez países hispanos, o más si puede, y sus platos más típicos. Ud. puede hacer investigaciones sobre Chile, Venezuela, la Argentina, Perú, Costa Rica, Puerto Rico, etcétera. En cuanto a España, no se olvide que hay varios platos regionales además de los platos nacionales.

_____

_____

_____

_____

Palabras y expresiones del video

Palabras afines

afiliado	la corporación	local	positivo
el arte	la cultura	el millón	el programa
el/la artista	la dinámica	el momento	la publicación
la balada	la directora	multiinternacional	social
el canal	la estación	musical	el/la solista
la compañía	identificado	nacional	la televisión
el compositor	independiente	la novela	variado
la comunidad	latino	popular	

Otras palabras y expresiones

las altas y bajas highs and lows
el amor love
el asunto affair, matter
bailado dance(d)
básicamente essentially
la cadena network
el campo field
cómodo comfortable
dirigido a aimed at
durar to last
la edad age
entregarse proyectarse
el entretenimiento entertainment
la entrevista interview
el escape la evasión
familiar de la familia
gigante giant, gigantic

grabar to tape
la imagen image
incluir to include
el intérprete singer, performer
juvenil young
lanzar to come out, debut
el lema slogan
la problemática conjunto de problemas
la programación programming
el proyecto project
relajado relaxed
la revista revue
el sinnúmero número incalculable o muy grande
la sorpresa surprise
el tema topic
el título title

Suplemento: La televisión

el canal educativo educational channel
el documental documentary
la emisión broadcast
    emisión en directo live broadcast
la imagen picture
las interferencias interference
el noticiario news broadcast
la pantalla screen

el/la productor(a) persona que produce programas
la propaganda publicidad, anuncios
el/la realizador(a) persona que produce programas
sintonizar to tune in
la telenovela soap opera, daytime drama
el televisor television set

Notas
- El uso del verbo **apelar** en el video es un anglicismo. La que habla dice *le está apelando mucho a la juventud* cuando debe decir *le está gustando mucho a la juventud.*
- **La audiencia** es también un anglicismo. Se debe emplear **el público, los telespectadores, los televidentes.**
- **La conexión** se refiere a la electricidad. Se debe emplear **el enlace, el vínculo** o **la relación.**

Ejercicio A. Escoja la respuesta correcta a base de lo que Ud. oyó en el video.

1. Univisión llega a más de _____ millones de personas.

   a. veinticuatro   b. treinta y cuatro   c. sesenta y cuatro

2. Univisión se ve en _____ países.

   a. once   b. dieciocho   c. catorce

3. El lema de Univisión demuestra su interés en _____.

   a. el público de extranjeros   b. once estaciones   c. toda la familia hispana

4. Un programa destinado al público de jóvenes se llama _____.

   a. Sábado gigante   b. Qué pasa   c. Control

5. Sábado gigante _____.

   a. se ve solamente en Chile   b. dura tres horas   c. se ve de lunes a sábado

6. El nuevo proyecto del canal veintisiete es _____.

   a. Qué pasa   b. Pachanga latina   c. Univisión

7. Se ven videos y entrevistas a artistas latinos en _____.

   a. las novelas de Univisión
   b. Asuntos a la comunidad
   c. un programa musical de revista

8. La directora dice que don Francisco _____.

   a. es compositor e intérprete   b. presenta de una forma relajada   c. graba novelas

Ejercicio B. Empareje los sustantivos de la columna A que se oyen en el video con su sinónimo que aparece en la columna B.

A	B
____ 1. intérprete	a. espectáculo
____ 2. sinnúmero	b. evasión
____ 3. entretenimiento	c. compañía
____ 4. cadena	d. asunto
____ 5. tema	e. televidentes
____ 6. audiencia	f. cifra incalculable
____ 7. corporación	g. cantante
____ 8. escape	h. conjunto de emisoras de televisión

Ejercicio C. Complete las oraciones con las palabras que faltan escogiéndolas de la lista.

la propaganda   el canal educativo   el documental
las interferencias   sintonizar   la imagen
la emisión en directo   el noticiario

1. Yo quiero enterarme de lo que pasó en el mundo hoy. Debemos

   _____ la tele ahora mismo para no perdernos

   _____ .

2. Se celebrará el acto de clausura *(closing ceremony)* de los Juegos Olímpicos hoy. Habrá

   _____ de Atlanta a las ocho.

3. Mi televisor no funciona bien. _____ está mal por

   _____ .

4. ¡Yo no soporto _____ que ponen durante los partidos de

   baloncesto tan emocionantes!

5. ¿Te interesa ver _____ sobre la Segunda Guerra Mundial en

   _____ esta noche?

Ejercicio D. Escenas de la vida: Programas de televisión
Escriba una composición de diez oraciones sobre los programas que Ud. ve en la televisión.
Escriba los nombres de los programas, su horario (día y hora), el canal donde se ven y una
descripción de los programas.

_____

_____

_____

_____

_____

_____

_____

_____

_____

_____

_____

_____

_____

_____

Ejercicio E. Composición: Mi programa favorito
Escriba una composición de diez oraciones sobre el programa de tele que más le gusta. Describa cómo es el programa, quiénes son los personajes, etcétera. Explique por qué le gusta tanto.

_____

_____

_____

_____

_____

_____

_____

_____

_____

_____

_____

_____

Harcourt Brace & Company

_____

_____

_____

_____

_____

_____

Ejercicio F. Composición: La televisión: ¿Influencia buena o mala?
Se discute mucho la influencia de la televisión en la sociedad, especialmente en la vida de los niños. ¿Qué opina Ud.? Escriba una lista de ocho o más razones que comprueban la influencia positiva o negativa de la televisión.

_____

_____

_____

_____

_____

_____

_____

_____

_____

_____

_____

_____

_____

_____

Harcourt Brace & Company

Palabras y expresiones del video

Palabras afines

anglosajón	la cultura	famoso	multidisciplinario
el arte visual	cultural	la galería	la música
artístico	la danza	la imaginación	la oportunidad
asiático	el director	la importancia	la organización
el centro	la disciplina	el interés	el programa
la cerámica	la energía	el miembro	la raza
comunitario	el entusiasmo	la misión	representar
la conciencia	el estudio	multicultural	la selección

Otras palabras y expresiones

el ala wing
amplio large
apoyar to support
el baile dance
barrer to sweep
el barrio neighborhood
la cadena chain
la camiseta t-shirt
crear to create
dedicar to devote
dirigir (yo dirijo) to direct
la esperanza hope
imprimir to print
la junta directiva board of directors
el lema slogan

el músico musician
No vale. It's no good.
ofrecer (ofrezco) to offer
el origen origen, descent
el peligro danger
pintar to paint
la pintura painting
la serigrafía silkscreen printing
soñar (o>ue) to dream
el tambor drum
el teatro theater
tocar to play a musical instrument
la variedad variety
volar (o>ue) to fly

Nota

- **Chicano**, palabra de origen incierto, se refiere a las personas de origen mexicano que viven en los Estados Unidos. El Este de Los Ángeles es el barrio mexicanoamericano más conocido de la ciudad. Hay una población chicana muy grande en el sudoeste de los Estados Unidos.

Ejercicio A. Escoja la respuesta correcta a base de lo que Ud. oyó en el video.

1. El Centro Cultural de la Misión se encuentra en _____.
   a. Nueva York
   b. Los Ángeles
   c. San Francisco

2. El lema del Centro es _____.
   a. El Centro es multidisciplinario
   b. Nuestra misión es la cultura
   c. Tenemos tres galerías

3. _____ en la clase de caligrafía.
   a. Se imprimen camisetas
   b. Se hace cerámica
   c. Se barre la calle

4. El Centro tiene _____ para ciento setenta personas.
   a. un teatro   b. una pizzería   c. un cine

5. El célebre músico que le dedica su tiempo al Centro es _____.
   a. Eddie Palmieri   b. Mongo Santamaría   c. Carlos Santana

6. Una de las metas del Centro es ayudar a los jóvenes a _____.
   a. ser dueños de restaurante   b. triunfar en la vida   c. hacerse músicos profesionales

7. El Centro ofrece clases de _____.
   a. cálculo   b. física   c. merengue

8. Carlos Santana procura darles a los jóvenes _____.
   a. esperanza   b. peligro   c. plata

Ejercicio B. Empareje las palabras o frases de la columna A que se encuentran en el video con su sinónimo de la columna B.

A		B	
____	1. tambor	a.	escritura
____	2. caligrafía	b.	grupo de empresas
____	3. imaginación	c.	materia
____	4. disciplina	d.	percusión
____	5. cadena	e.	sala
____	6. danza	f.	baile
____	7. galería	g.	fantasía

Ejercicio C. Indique si las siguientes oraciones son ciertas (C) o falsas (F) a base de lo que Ud. oyó en el video.

____ 1. Carlos Santana enseña caligrafía en el Centro.

____ 2. El Centro Cultural de la Misión queda en California.

____ 3. El Centro se especializa en música, danza y artes visuales.

____ 4. El Centro no tiene teatro todavía.

____ 5. Solamente estudian en el Centro los chicanos.

____ 6. El director del Centro se llama René Castro.

Harcourt Brace & Company

Ejercicio D. Escenas de la vida: Si yo fuera director(a)
Si Ud. fuera director(a) del Centro Cultural de la Misión, ¿qué clases ofrecería? Escriba una composición de diez oraciones en la cual describe su misión y las clases que incluiría en el programa de estudios.

_____

_____

_____

_____

_____

_____

_____

_____

_____

_____

_____

_____

_____

_____

_____

_____

_____

_____

_____

_____

Harcourt Brace & Company

Ejercicio E. Composición
Carlos Santana habla en los segmentos de video 3, 12 y éste, el 14. Repase lo que dijo en estos tres segmentos y escriba una composición de diez oraciones explicando sus ideas.

_____

_____

_____

_____

_____

_____

_____

_____

_____

_____

_____

_____

_____

_____

_____

_____

_____

_____

_____

Harcourt Brace & Company

Ejercicio F. Composición

¿Asiste Ud. a un centro como el Centro Cultural de la Misión o conoce uno así? Escriba una composición de diez oraciones describiendo su experiencia. Mencione dónde queda el centro, cómo es su programa, su horario, quiénes son los directores, etcétera.

Harcourt Brace & Company

Palabras y expresiones del video

Palabras afines

afectar	la línea telefónica	el/la panelista	el satélite
el conflicto	el micrófono	participar	el sistema
la diferencia	el momento	popular	
general	la necesidad	el programa	
la inmigración	la opinión	las relaciones públicas	

Otras palabras y expresiones

el aborto abortion	**el gobernador** governor
el afiliado affiliated radio station	**las informaciones** news
ajustarse to adapt, adjust	**el mar** sea
el anfitrión host	**las noticias** news
la Biblia Bible	**el noticiero** news show
el canal channel	**la promoción** programming
caribeño Caribbean	**la propuesta** proposition
la ciudadanía citizenship	**la publicidad** advertising, publicity
el ciudadano citizen	**la radioemisora** radio station
la comunidad community	**recién llegado** newly arrived
contagiar to be infectious, catching	**el ritmo** rhythm
contagioso contagious	**rugiente** roaring
el corresponsal correspondent *(radio, TV)*	**el tema** topic
enterarse informarse	**el terremoto** earthquake
el gerente manager	**voltear** to turn (around)

Suplemento

hablar por la radio to be on the air
sintonizar to tune in
transmitir to broadcast

Nota

* **Reportar** es un anglicismo aunque sí se emplea **reportero** y **reportaje. Ser reportero/periodista** y **hacer reportajes** significan *to report*.

Ejercicio A. Escoja la respuesta correcta a base de lo que Ud. oyó en el video.

1. La administración de Radiolandia se encuentra en _____.
   a. Boston   b. Nueva York   c. Miami

2. Alberto Vasallo Tercero se encarga de _____.
   a. publicidad y relaciones públicas   b. las líneas telefónicas   c. los noticieros

3. Radiolandia es radioemisora relacionada con el periódico _____ .
   a. CNN   b. *La hora del café*   c. *El mundo*

4. Hace _____ años que Radiolandia existe.
   a. treinta y cinco   b. veintitrés   c. cuarenta y nueve

5. Porque Radiolandia es afiliado a CBS y CNN, _____ .
   a. hay más programas de micrófono abierto
   b. se presentan más noticias de Latinoamérica
   c. no se ven programas para los hispanos

6. Según Vasallo Tercero, _____ .
   a. hay muchos terremotos en Guatemala
   b. es mejor no hablar de temas como la ciudadanía y la inmigración
   c. hay gran interés en la música caribeña por toda Latinoamérica

7. Las noticias de Latinoamérica llegan a CBS _____ .
   a. cada tres horas   b. por correo   c. a través del satélite

Ejercicio B. Indique si las siguientes oraciones son ciertas (C) o falsas (F) a base de lo que Ud. oyó en el video.

_____ 1. Los inmigrantes centroamericanos y sudamericanos son los más recién llegados.

_____ 2. *La hora del café* se transmite entre las nueve y las diez de la mañana.

_____ 3. Radiolandia transmite música de la República Dominicana solamente.

_____ 4. Las personas que llaman al programa de micrófono abierto son anfitriones.

_____ 5. La radioyente está en contra del aborto por lo que dice la Biblia.

_____ 6. En algunos países sudamericanos se baila la cumbia.

Ejercicio C. Escriba las palabras que derivan de las siguientes palabras que se oyen en el video. Escriba el artículo definido con el sustantivo.

1. la publicidad _____ (*adjetivo*)

2. la Biblia _____ (*adjetivo*)

3. rugiente _____ (*verbo*)

4. contagioso _____ (*sustantivo*)

5. afiliado _____ (*verbo*)

6. popular _____ (*sustantivo*)

Ejercicio D. ¿Qué dijeron en el video?
Escriba las cosas que oyó en el video bajo cada categoría.

1. *programa de radio (1)*

   _____

2. *tipos de música y baile (5)*

   _____

   _____

   _____

   _____

3. *nombre de periódico (1)*

   _____

4. *canales afiliados a Radiolandia (2)*

   _____

   _____

5. *país centroamericano (1)*

   _____

6. *países sudamericanos (2)*

   _____

   _____

Ejercicio E. Escenas de la vida: Opiniones por radio
Escriba un diálogo de diez oraciones entre el anfitrión de un programa de radio con micrófono abierto y un radioyente que llama para expresar sus opiniones sobre un tema. Escoja el tema que quiera.

_____

_____

_____

_____

_____

_____

_____

_____

_____

_____

_____

_____

_____

_____

_____

_____

Ejercicio F. Composición

Sintonice unos programas en la radioemisora hispana de la región donde vive. Si no hay radioemisora en español sintonice una en inglés. Luego, describa los programas y dé detalles sobre el anfitrión, el horario, etcétera.

_____

_____

_____

_____

_____

_____

_____

_____

_____

_____

_____

_____

_____

_____

Harcourt Brace & Company

Palabras y expresiones del video

Palabras afines

basado	el impacto	positivo	el secretario
la corporación	el individuo	presentar	la televisión
la cultura	la introducción	profesional	la transportación
la diversidad	nacional	representativo	
geográfica(mente)	negativo	el resto	

Otras palabras y expresiones

el/la artista performer
el censo census
la comunidad community
crear to create
crecer (crezco) to grow
entrevistar to interview
el escritor writer
el estado state
exitoso successful
la fecha date
el hombre (la mujer) de negocios
    businessman (businesswoman)
la imagen image

el lector reader
el mensaje message
el origen origen, descent
el político politician
el por ciento per cent
principal main
el propósito purpose
el rango clase, categoría
reunir to unite, join together
la revista magazine
el tercero one third
triunfar to get ahead in life
la voz voice

Nota
- **Cubrir un rango** (*to cover a range of [interests, etc.]*) es un anglicismo. El hombre del video quiere decir que *la revista tiene mucha variedad* o que *la revista refleja la extensa gama de intereses y actividades.*

Ejercicio A. Escoja la respuesta correcta a base de lo que Ud. oyó en el video.

1. Alfredo Estrada nació en _____.
   a. La Habana   b. Washington, D.C.   c. Chicago

2. La revista dirigida por Estrada se titula _____.
   a. Latino   b. Hispanic   c. Hispanoamérica

3. Casi todos los lectores de la revista _____.
   a. son profesionales   b. viven en California   c. son hombres de negocios

4. Alfredo Estrada procura presentar _____ en su revista.
   a. muchos anuncios
   b. información escrita en español
   c. una imagen positiva de los hispanos

5. La revista *Hispanic* está escrita en inglés porque _____.

   a. Alfredo Estrada no habla español

   b. se publica en Washington, D.C.

   c. la mayoría de los lectores, nacidos en los Estados Unidos, hablan inglés mejor que el español

6. Los hispanos que se ven en *Hispanic* _____.

   a. son todos de España   b. han tenido éxito en la vida   c. suelen ser ingenieros

Ejercicio B. ¿Qué dijeron en el video?
Complete las oraciones con los números o lugares que se mencionan en el video.

Los lectores de *Hispanic*:

   1. Casi _____ son de origen mexicanoamericano.

   2. Un _____ por ciento son puertorriqueños.

   3. Un _____ por ciento son cubanos.

   4. Un _____ por ciento son centroamericanos.

   5. _____ vive en California.

   6. _____ vive en Texas.

   7. Hay lectores en los _____ estados.

Los demás lectores viven en:

   8. _____

   9. _____

   10. _____

   11. _____

En California

   12. un _____ por ciento de los habitantes son hispanos.

Ejercicio C. Escriba las palabras que derivan de las siguientes palabras que se usan en el video. Escriba el artículo definido con el sustantivo.

1. lector _____ *(sustantivo)*

2. exitoso _____ *(sustantivo)*

3. triunfar _____ *(sustantivo)*

4. voz _____ *(adjetivo)*

Harcourt Brace & Company

5. imagen _____ (adjetivo)

6. crecer _____ (sustantivo)

7. fecha _____ (verbo)

8. mensaje _____ (sustantivo)

Ejercicio D. Escenas de la vida: Hispanic Magazine

Si Ud. fuera director de *Hispanic*, ¿ sobre quiénes escribirías? Escriba una breves biografías de americanos hispanos que han tenido éxito en algún campo o que han tenido un impacto muy grande en la vida de los Estados Unidos. Exprese sus ideas en unas diez oraciones.

_____

_____

_____

_____

_____

_____

_____

_____

_____

_____

_____

_____

_____

_____

_____

_____

_____

Harcourt Brace & Company

Ejercicio E.   *Composición*

Busque la revista *Hispanic* en un kiosko o en la biblioteca. Después de leer los artículos y los anuncios, escriba una composición de diez oraciones explicando cómo la revista logra presentar una imagen positiva de la comunidad hispana. Saque ejemplos de la revista para citar en su composición.

_____

_____

_____

_____

_____

_____

_____

_____

_____

_____

_____

_____

_____

_____

_____

_____

_____

_____

_____

_____

_____

Palabras y expresiones del video

Palabras afines

la abreviación	el director	lingüístico	la sicología
el acceso	doméstico	el método	el síndrome
el accidente industrial	económico	múltiple	el tabú
afectar	honesto	la organización	variado
el apartamento	humano	la prioridad	la violencia
apreciar	la infección	el problema	el virus
el centro	la información	religioso	
contener	la inmigración	el servicio	
cultural	la inmunodeficiencia	el sexo	

Otras palabras y expresiones

la abogacía legal profession
actualmente at present
anteriormente before
añadir to add
aproximadamente approximately
auténtico real
una cantidad de lots of
la comunidad community
comunitario community *(adjetivo)*
el condón condom
contagiarse to be contagious, infectious; to catch
convencer (convenzo) to convince

desempeñar el cargo de to work as
la incidencia consequence
médico medical
la negación denial
el nivel level
la ola wave
el paquete packet, package
proveer to provide
reflejar to reflect
relacionar to relate
surgir to appear, come out
el taller workshop
la vivienda housing

Suplemento

el asma
el azote scourge, affliction
el cáncer
el colesterol
la diabetes
la enfermedad cardiaca heart disease
el folleto brochure
la parotiditis mumps *(also* **las paperas***)*
la poliomielitis
la rubéola German measles (rubella)
la tarjeta verde green card *(documento que permite que el inmigrante trabaje en los Estados Unidos; aunque ya no es verde, lleva el nombre del color original)*

la tensión arterial blood pressure
el tétanos tetanus
el tifo typhus, typhoid fever
la tisis tuberculosis
la tosferina whooping cough
la tuberculosis tuberculosis
la vacuna vaccine
la vacunación vaccination
vacunar to vaccinate
la varicela chicken pox
la viruela smallpox

Notas
- Siempre hay una inversión de **las siglas** *(acronym)* entre el español y el inglés: por ejemplo, AIDS y HIV en inglés son SIDA y VIH en español. Esto se debe a las diferencias en el orden de palabras entre los idiomas: Síndrome de inmunodeficiencia adquirida.
- Se debe usar **recomendación** en vez de **referimiento**; **relación** en vez de **conexión**; **abreviatura** en vez de **abreviación**; **ocuparse de** o **tratar** en vez de **cubrir** las necesidades; **tema** o **asunto** en vez de **tópico**.
- **El machismo** es la ideología, psicología y comportamiento del hombre que se cree superior a la mujer.
- El director del Centro Hispano de Chelsea debe decir **desempeño el cargo de director** en vez de **me desempeño como director**.
- **Chelsea** es un barrio de Boston.
- **Las personas que no tienen sus papeles** se refiere a los inmigrantes indocumentados que entraron en los Estados Unidos ilegalmente.

Ejercicio A. Escoja la respuesta correcta a base de lo que Ud. oyó en el video.

1. Waldert Rivera es director de _____.
   a. clases de inglés como segundo idioma
   b. servicios de SIDA
   c. empleos y accidentes industriales

2. Rivera es de _____.
   a. Guatemala　　　b. El Salvador　　　c. Puerto Rico

3. Hay unos _____ mil hispanos en la ciudad de Boston.
   a. sesenta y dos　　b. setenta y dos　　c. ciento doce

4. El grupo hispano más grande en Boston son _____.
   a. salvadoreños　　b. puertorriqueños　　c. nicaragüenses

5. Según Rivera, _____ en la comunidad hispana.
   a. el SIDA es una prioridad
   b. no hay tabú en cuanto al sexo
   c. existe la psicología machista

6. En el Centro Hispano se ofrecen talleres sobre _____.
   a. la música latina　　b. la vivienda　　c. la ropa

7. Los del Centro Hispano van a casa de los clientes porque éstos _____.
   a. tienen miedo a la oficina de inmigración
   b. no salen cuando hace frío
   c. no tienen tiempo de ir al Centro

Ejercicio B. Indique si las siguientes oraciones son ciertas (C) o falsas (F) a base de lo que Ud. oyó en el video.

_____ 1. Viven muchos puertorriqueños y centroamericanos en Chelsea.

_____ 2. El Centro Hispano ofrece grupos de discusión para las mujeres latinas todas las semanas.

_____ 3. El Centro Hispano no ofrece servicios de abogado.

Harcourt Brace & Company

_____ 4. A veces los hispanos no se aprovechan de los servicios médicos porque no hablan inglés.

_____ 5. Waldert Rivera deja sus paquetes en la puerta de las casas porque las latinas nunca están en la casa.

Ejercicio C. Complete las siguientes oraciones con las palabras del video que faltan, escogiéndolas de la lista.

la ola	el nivel	la vivienda	el taller
la abogacía	el machismo	la comunidad	el accidente industrial

1. Se ofrecen paquetes sobre _____ para los recién llegados.

2. _____ es el campo académico que más me interesa.

3. Todos los habitantes de _____ se reúnen en el Centro Hispano.

4. _____ sirve para amargar la relación entre el hombre y la mujer.

5. Hace diez años empezó _____ de inmigración de Centroamérica.

6. Se ofreció _____ sobre la tensión arterial y la diabetes el martes.

7. _____ de vida de las personas que viven en este barrio es bajo.

8. _____ ocasionó diecinueve heridos.

Ejercicio D. Escenas de la vida: Los inmigrantes se informan
Escriba un diálogo de diez oraciones entre el director del Centro Hispano y un cliente salvadoreño recién llegado a los Estados Unidos, que necesita información sobre la vivienda, clases de inglés, la tarjeta verde y cómo hacer vacunar a sus hijos.

_____

_____

_____

_____

_____

_____

_____

_____

_____

Harcourt Brace & Company

_____

_____

_____

_____

_____

_____

_____

_____

_____

_____

_____

_____

Ejercicio E. Composición
Escriba un resumen de siete u ocho oraciones del video que vio. Escriba los títulos de los folletos que vio.

_____

_____

_____

_____

_____

_____

_____

Harcourt Brace & Company

_____

_____

_____

_____

_____

_____

_____

_____

_____

_____

_____

_____

_____

_____

Ejercicio F. Composición

Escriba una composición sobre otras enfermedades graves y la importancia de las vacunaciones en disminuir el azote de las enfermedades infecciosas. Hasta salió una vacuna contra la varicela el año pasado. ¿Cree Ud. que habrá vacuna contra el SIDA en pocos años? Consulte el *Suplemento* para buscar el vocabulario que necesita.

_____

_____

_____

_____

_____

_____

Harcourt Brace & Company

Palabras y expresiones del video

Palabras afines

la comunicación	la experiencia	interpretar	el servicio
comunicarse	identificar	el/la paciente	la situación
confidencial	el individuo	personal	verbal
el contacto	la infección	el problema	el voluntario
la cultura	internacional	el programa	

Otras palabras y expresiones

la actitud attitude
actuar to act, behave
el apoyo support
beneficiar to favor
bilingüe bilingual
consciente conscious
la coordinadora coordinator
disculpar to excuse, forgive
el empleado employee
el enfermero nurse
entablar diálogo to begin to talk with
entrenar to train
la espontaneidad spontaneity
el estereotipo stereotype
la expectativa expectation
increíble incredible

el/la intérprete interpreter
la molestia discomfort
el nombre de soltera maiden name
la orina urine
el por ciento per cent
profesionalizar to make professional
la prueba test
el punto point
la sangre blood
la teoría theory
el/la terapista therapist
el tipo type, kind
traducir (traduzco/traduje) to translate
tratar to treat
urinario urinary

Nota
- El hospital Massachusetts General goza de una fama mundial. La gente viaja a Boston de varios países extranjeros para consultar con los grandes especialistas del hospital en todos los ramos de la medicina.

Ejercicio A. Escriba las palabras que Ud. oyó en el video que están relacionadas con las siguientes palabras. Escriba el artículo definido con el sustantivo.

1. el traductor _____

2. probar _____

3. el tratamiento _____

4. la terapia _____

5. sangrar _____

6. orinar _____

7. el entrenamiento _____

8. teorizar _____

Ejercicio B. Escoja la respuesta correcta a base de lo que Ud. oyó en el video.

1. La coordinadora de intérpretes del hospital es de _____.
   a. Alemania   b. México   c. Pennsylvania

2. La paciente está preocupada porque no sabe _____.
   a. adónde tiene que ir por las pruebas
   b. cuánto tiempo tendrá que quedarse en el hospital
   c. si va a tener confianza en el médico

3. Según la coordinadora, se habla _____ idiomas en el hospital.
   a. setenta   b. ochenta   c. sesenta

4. El _____ es el idioma que más se habla.
   a. español   b. francés   c. chino

5. La paciente tiene _____.
   a. náuseas   b. molestias urinarias   c. dolor de oído

6. Los intérpretes tienen que saber cuáles son las _____ del paciente.
   a. ideas políticas   b. maletas   c. expectativas

7. La coordinadora dice que su programa tiene éxito porque _____.
   a. los intérpretes no reciben un sueldo muy grande
   b. no se ha profesionalizado demasiado el puesto de intérprete
   c. todos los médicos son bilingües

Ejercicio C. Sea intérprete y traductor(a)
Ud. es intérprete y traductor(a) en un hospital. Tiene que traducir lo que dijeron los pacientes hispanos al internarse. Escriba las oraciones en inglés.

1. Mi nombre de soltera es Montoya.

   _____

2. Tengo dolor de cabeza y fiebre. Me parece que tengo gripe.

   _____

3. No quiero que me hagan pruebas.

   _____

Harcourt Brace & Company

4. Espero que me manden un terapista bilingüe.

_____

5. Tengo molestias en la espalda y me duelen los ojos.

_____

Ejercicio D. Indique si las siguientes oraciones son ciertas (C) o falsas (F) a base de lo que Ud. oyó en el video.

____ 1. El intérprete impide que el paciente se comunique con su médico.

____ 2. La intérprete no necesita entender la cultura de sus pacientes.

____ 3. Es bueno que el intérprete entable diálogo con la paciente.

____ 4. Los médicos en diferentes países tratan al paciente de diferentes maneras.

____ 5. Es importante que los intérpretes sepan las expectativas de los pacientes.

____ 6. El programa de intérpretes del hospital Mass. Gen. no sirve porque los intérpretes no pueden deshacerse del problema del estereotipo.

Ejercicio E. **Escenas de la vida: *Entre médicos y pacientes***
Ud. es intérprete en el programa del hospital Massachusetts General. Le toca ayudar a unos pacientes hispanos hoy. Exprese lo que dicen y lo que les dice el médico en español.

1. *(Paciente)*–I have discomfort in my stomach.

_____

(Médico)–First I'll examine you.

_____

2. *(Paciente)*–Doctor, what kind of infection do I have?

_____

(Médico)–I don't know yet. I'll do some blood and urine tests (on you).

_____

3. *(Paciente)*--My arm hurts. Did I break it?

_____

(Médico)–I won't know until you have an X-ray (*hacerse una radiografía*).

_____

Harcourt Brace & Company

Palabras y expresiones del video

Palabras afines

corporal	expresar	latino	tropical
emocional	físico	el movimiento	
espiritual	la idea	practicar	
exótico	el impacto	sensual	

Otras palabras y expresiones

aprovechar to use, take advantage of
caribeño Caribbean
dedicar a to devote to
la excusa excuse
el éxito success
la forma shape
hacer ejercicio to do exercise
individualmente individually
mantenerse en buenas condiciones físicas to keep in good shape

mantenerse en forma to keep in shape
natal native, birth
negarse a (e>ie) to refuse to
el nivel level
orgulloso proud
la pareja partner
realizar to do, carry out
recuperar to recover, get back
resultar to be, turn out to be
el ritmo rhythm

Suplemento

aumentar de peso to gain weight
correr to run
estar en baja forma to be out of shape
estar en (plena) forma to be in (great) shape
la gimnasia gymnastics
levantar pesas to lift weights

montar en bicicleta to ride a bicycle
nadar to swim
patinar to skate
perder peso to lose weight
ponerse en forma to get in shape
trotar to jog

Ejercicio A. Preguntas
Conteste las siguientes preguntas a base de lo que Ud. oyó y vio en el video.

¿Qué logran las personas que hacen *Salsarobics*?

1. _____

2. _____

¿Cómo se llaman los bailes?

3. _____

4. _____

5. _____

¿Cómo son los ritmos?

6. _____

7. _____

¿De quién fue la idea de *Salsarobics?*

8. _____

¿De dónde es?

9. _____

¿Qué quiere la creadora de *Salsarobics* que haga la gente?

10. _____

¿Cómo se puede hacer *Salsarobics?*

11. _____

Ejercicio B Indique las cosas que Ud. vio en el video.

_____ 1. el mar

_____ 2. palmeras

_____ 3. un avión

_____ 4. gente tumbada en la playa

_____ 5. gaviotas

_____ 6. unos libros

_____ 7. unos refrescos

_____ 8. seis parejas bailan

_____ 9. un velero

_____ 10. persona se pone gafas oscuras

_____ 11. un señor toca la guitarra

_____ 12. pareja sentada se abraza

_____ 13. mujer con sombrero negro

_____ 14. unas corcheas *(eighth notes)* flotan en las olas de mar

_____ 15. un perro corre

Ejercicio C. Escriba los sustantivos que derivan de las siguientes palabras que se oyeron en el video. Escriba el artículo definido con el sustantivo.

1. resultar _____

2. natal _____

3. orgulloso _____

4. corporal _____

5. espiritual _____

6. exótico _____

7. sensual _____

8. recuperar _____

Ejercicio D. Escenas de la vida: ¿Cómo se mantiene Ud. en forma?
¿Está Ud. en plena forma o en baja forma? ¿Qué hace Ud. para mantenerse o ponerse en forma? Describa el régimen que Ud. sigue en nueve o diez oraciones.

_____

_____

_____

_____

_____

_____

_____

_____

_____

_____

_____

_____

_____

_____

_____

_____

_____

_____

_____

Ejercicio E. Composición
Escriba Ud. un resumen de seis o siete oraciones del video que vio.

_____

_____

_____

_____

_____

_____

_____

_____

_____

_____

_____

_____

_____

Harcourt Brace & Company

_____

_____

_____

_____

_____

_____

Ejercicio F. Composición
Escriba una composición de cinco o seis oraciones explicando el origen de *Salsarobics*. Invente otro ejercicio a base de la idea de *Salsarobics*.

_____

_____

_____

_____

_____

_____

_____

_____

_____

_____

_____

_____

Harcourt Brace & Company

VIDEOMUNDO

LA SALUD Y LA RELIGIÓN

20. LA BOTÁNICA YORUBA Y UNA ENTREVISTA CON BOBBY CÉSPEDES: ESPIRITISTA

Palabras y expresiones del video

Para facilitar la lectura del vocabulario se ha colocado un asterisco al lado de las palabras que tienen una obvia relación con lo religioso.

Palabras afines

africano	el elemento	*practicar	*el sacrificio
el aire	la energía	el problema	el secreto
asimilar	la historia	el proceso	simple
*católico	importante	*la religión	el sistema
*la ceremonia	la iniciación	el revólver	usar
el elefante	el perfume	la roca	

Otras palabras y expresiones

el aceite oil
*adorar to worship
*adular to worship; flatter
*el amor love
arrancar to pull up, uproot
*el babalawo el padre de todos los
   secretos en la santería
*la botánica tienda donde se venden
   hierbas y artículos religiosos del
   santerismo
el buey ox
*la candela candle
el Caribe Caribbean
*la caridad charity
*el catecismo Catechism (Catholic
   doctrine)
el cerdo puerco
la cuestión asunto
*el cura priest
depender de to depend on
*la diosa goddess
la dulzura sweetness
*el espiritismo doctrina o religión
   caribeña que consiste en hacer
   manifestarse el alma de los difuntos
*el/la espiritista persona que hace
   manifestarse los espíritus
*la fe faith
la función role

la hierba herb
*el intermedio intermediary
el jabón soap
libre free
el lío problem
la lógica reason, logic
*el lucumí santería
el mar sea
la montaña mountain
la naturaleza nature
el nudo knot
el Nuevo Mundo New World
*el obispo bishop
la piedrita (la piedra) little stone
quemar to burn
el rayo lightning
*sagrado holy
*la santería religión caribeña que cree en el
   poder de los elementos de la naturaleza
   y de las imágenes católicas
*el santero persona que profesa la
   santería
*el santo saint
el sentido sense
severo harsh
la suerte luck
tratar de to try to
*la vela candle
*yoruba pueblo africano

100

Nota

- **Bobby Céspedes** se refiere a la huida de los cubanos de Cuba a los Estados Unidos desde que Fidel Castro tomó el poder e impuso el sistema comunista en 1959. Dice que ellos, los cubanos, no pueden ir a Cuba y por el embargo, no se venden artículos cubanos en los Estados Unidos. Viven muchos cubanos, puertorriqueños y haitianos que profesan la santería o el espiritismo en las ciudades grandes donde se han abierto botánicas que venden los artículos de su religión.

Ejercicio A. Escoja la respuesta correcta a base de lo que Ud. oyó en el video.

1. Ángel Luis Rivera nació en _____.

   a. Cuba   b. Puerto Rico   c. Haití

2. La religión de Rivera es _____.

   a. el catolicismo   b. el catecismo   c. la santería

3. Rivera tiene función religiosa de _____, que es como obispo.

   a. babalawo   b. santo   c. dios

4. La santería se formó de la religión _____ y la _____.

   a. yoruba/católica   b. cubana/puertorriqueña   c. caribeña/asiática

5. Otro nombre de santería es _____.

   a. Ogún   b. Shangó   c. lucumí

6. Los santeros adoran _____.

   a. las ciudades   b. la naturaleza   c. los pendientes

7. La botánica es _____.

   a. una flor del Caribe
   b. una tienda donde se vende artículos del santerismo
   c. un lugar donde se hace un sacrificio

8. Según Gladys Céspedes, hay muchos santeros en Estados Unidos porque _____.

   a. muchos cubanos tuvieron que huir de la dictadura de Fidel Castro
   b. hay más botánicas en los Estados Unidos que en el Caribe
   c. es un gran centro de espiritismo

Ejercicio B. Complete las siguientes oraciones con las palabras del video que faltan, escogiéndolas de la lista. Haga todos los cambios necesarios.

fe	santerismo	jabón	católico
vela	botánica	catecismo	suerte

1. En _____ se venden artículos religiosos del

   _____.

2. Los santeros queman _____ porque tienen la costumbre de los

   _____.

3. Según Ángel Luis Rivera, un santero puede tener _____ en una

roca, y esa roca le puede traer _____.

4. Los africanos que llegaron al Caribe asimilaron _____ con su
religión yoruba.

5. Los _____ sagrados son muy importantes en la santería.

Ejercicio C. De santos y dioses
Empareje los nombres de la columna A que se mencionan en el video con su descripción de la
columna B.

A	B
____ 1. Shangó	a. santo severo
____ 2. Bárbara	b. diosa del mar
____ 3. Ogún	c. "obispo" yoruba
____ 4. babalawo	d. dios del rayo
____ 5. Yemayá	e. caridad del pobre
____ 6. Ochún	f. santa católica

Ejercicio D. Escriba las palabras que derivan de las siguientes palabras que se oyen en el video. Escriba el artículo definido con el sustantivo.

1. la dulzura _____ (adjetivo)

2. adorar _____ (sustantivo)

3. la caridad _____ (adjetivo)

4. arrancar _____ (sustantivo)

5. la fe _____ (adjetivo)

6. la hierba _____ (adjetivo)

7. severo _____ (sustantivo)

8. católico _____ (sustantivo

9. la roca _____ (adjetivo)

10. la energía _____ (adjetivo)

Ejercicio E. Escenas de la vida: Comprando en la botánica
Escriba un diálogo de diez oraciones entre el dependiente de la Botánica Yoruba y una cliente.
La cliente le cuenta al dependiente los problemas que tiene y éste le recomienda unos artículos.
Recuerde las cosas que vio en el video; por ejemplo, *velas (Shangó macho-powers of love; break-up, law-stay away!), jabón (court case)*, etcétera.

Harcourt Brace & Company

_____

_____

_____

_____

_____

_____

_____

_____

_____

_____

_____

_____

_____

_____

_____

_____

Ejercicio F. Composición
Escriba una composición de diez oraciones sobre el origen, las ideas y los dioses del santerismo.

_____

_____

_____

_____

Harcourt Brace & Company

Harcourt Brace & Company

Ejercicio G. Letreros
Escriba las palabras que faltan en los siguientes letreros que se ven en el video.

1.

BOTÁNICA YORUBA
_____

2.

_____ espirituales

Consultas_____

3.

_____

Siete Nudos

4.

libro

"Secretos _____"

Palabras y expresiones del video

Palabras afines

el animal	celebrar	favorito	musical
el balcón	decorado	importante	plástico
la banda	el elefante	maravilloso	la tradición
la celebración	especial	la música	tradicional

Otras palabras y expresiones

anterior previous
el/la ayudante helper
la barba beard
bellamente beautifully
el bombón chocolate
la cabalgata procession
el caballo horse
cambiar to exchange
el caramelo candy
el carbón coal
la carroza float; carriage
la corona crown
desembarcar to arrive, land, disembark
el desfile procession
la época period
la fiesta holiday
la haba bean
el himno anthem
Jesucristo Jesus Christ

la joya piece of jewelry
el juguete toy
nacer (nazco) to be born
la Navidad Christmas
navideño Christmas
el pariente relative
pelirrojo red(haired)
la plaza square
principal main
el puerto port
el regalo gift
remontarse to date back
reunirse to get together
el rey king
el roscón de Reyes twelfth-night cake
saludar to greet, say hello
la tarta cake
tirar to throw, toss out
tocar to play a musical instrument

Suplemento

el incienso frankincense
la mirra myrrh
el Nacimiento creche
el oro gold
el pesebre manger
San Nicolás Santa Claus (*also* **Papá Noel**)
el villancico canción de tema religioso que se canta por Navidad

Notas

- La Iglesia Católica celebra **la Epifanía,** es decir, la adoración de Jesucristo por los Reyes Magos, el seis de enero. Se le llama comúnmente **el día de los Reyes**. Los Reyes, los tres sabios del este, le trajeron al niño Jesús regalos de mirra, incienso y oro (véase *Mateo 2:11*)
- En el video se ve un cartel que dice **El mon d'ilusio,** (El mundo de la ilusión) frase escrita en valenciano, que es dialecto del catalán. En Valencia se habla catalán y español.

Ejercicio A. ¿Qué entendió Ud.?

Escriba la fecha o el nombre que falta en las siguientes oraciones a base de lo que Ud. oyó en el video.

1. Se celebra la Navidad ___el 25 de dic___ .

2. _____ los niños españoles reciben regalos de

_____ .

3. El Rey _____ tiene la barba blanca.

4. _____ es el Rey negro.

5. El Rey de la barba pelirroja se llama _____ .

6. Los Reyes Magos le trajeron regalos a Jesús recién nacido en

_____ .

Ejercicio B. Empareje las cosas mencionadas en el video de la columna A con su descripción o definición de la columna B.

A	B
____ 1. cabalgata de Reyes	a. repartidos por los Reyes Magos
____ 2. roscón de Reyes	b. para el que encuentra el regalito en el roscón
____ 3. carroza	c. lo toca la banda
____ 4. carbón	d. tarta especial
____ 5. caramelos y bombones	e. se deja en los zapatos de los malitos
____ 6. una haba	f. se paga la tarta
____ 7. el himno de Valencia	g. los Reyes Magos van por las calles
____ 8. corona de papel	h. desfile

Ejercicio C. Indique si las siguientes oraciones son ciertas (C) o falsas (F) a base de lo que Ud. oyó en el video.

____ 1. España es el único país hispánico que celebra la Navidad y el día de los Reyes.

____ 2. Los Reyes Magos traen regalos el seis de enero.

____ 3. En Valencia la celebración de Reyes comienza el siete de enero.

____ 4. Los Reyes Magos recorren las calles montados a caballo.

____ 5. Los Reyes Magos reparten juguetes y dulces durante la cabalgata.

____ 6. Gaspar siempre va primero en el desfile.

____ 7. Se cree que Baltasar trae los mejores regalos.

____ 8. Los niños dejan sus zapatos en el balcón el cinco de enero.

Harcourt Brace & Company

Ejercicio D. Escriba los adjetivos que derivan de los siguientes sustantivos que se oyen en el video.

1. la fiesta _____

2. el rey _____

3. Valencia _____

4. la barba _____

5. el juguete _____

6. la calle _____

7. el carbón _____

Ejercicio E. ¿Qué vio Ud. en el video?
Indique las cosas que Ud. vio en el video.

____ 1. calles decoradas con luces

____ 2. niño con un trineo *(sled)*

____ 3. carrozas

____ 4. chicos tocan el trombón

____ 5. gente come pavo

____ 6. una mujer canta

____ 7. niños abren regalos en casa

____ 8. naranjos y manzanos

____ 9. un elefante

____ 10. chicas tiran caramelos

____ 11. árbol de Navidad

____ 12. gente brinda con champaña

____ 13. un roscón en la mesa

____ 14. niño lleva corona dorada

Ejercicio F. Escenas de la vida: Celebraciones
Escriba una composición de diez oraciones describiendo la manera en que Ud. celebra la Navidad o Jánuca *(Chanukah)* en su casa. Explique el motivo religioso de la fiesta.

_____

_____

_____

_____

Harcourt Brace & Company

Ejercicio G. Composición

Escriba una lista de las personas a quienes les vas a dar regalos por la Navidad o por Jánuca y las cosas que piensas regalarles.

Persona	Regalo
1. _____	_____
2. _____	_____
3. _____	_____
4. _____	_____
5. _____	_____
6. _____	_____
7. _____	_____
8. _____	_____
9. _____	_____
10. _____	_____

Harcourt Brace & Company

Palabras y expresiones del video

Palabras afines

la actividad	la competición	el momento	típico
el animal	famoso	numeroso	el/la turista
la aventura	el grupo	organizado	
el balcón	inaugurar	profesional	
la celebración	inevitable	resignado	

Otras palabras y expresiones

el alcalde mayor
atropellar to run over, knock down
el ayuntamiento town hall
la boina gorra de lana, redonda y aplastada
    (típico *beret* español)
bravo valiente; feroz
la caída fall
la carrera running
el chupinazo starting signal
el cinturón belt, sash
el cohete rocket
la cornada goring (con cuerno de toro)
la corrida de toros bullfight
el cortador de tronco tree trunk cutting
el destino destination
la diversión amusement, entertainment
la embestida charge (del toro)
la emoción excitement
emocionante exciting
el encierro driving of the bulls into the pen
    before the bullfight
estrecho narrow

evitar to avoid
el éxito success
feroz brave, fierce
gigantesco gigantic
el hogar home
intentar to try
la labor job, work
lanzar un cohete to fire a rocket
el levantamiento de piedras rock lifting
liberar to free
la locura wild enthusiasm
el motivo reason
la multitud crowd
el muñeco funny figure
la peña grupo, círculo
la plaza de toros bullring
reunirse to get together
tener lugar to take place
tocar to touch
el torero bullfighter
la velocidad speed

Notas

- **Pamplona,** capital de la región de Navarra y de la Comunidad Foral (Autónoma) de Navarra, es un importante centro comercial, cultural y administrativo. Se celebran en Pamplona las famosas fiestas de San Fermín desde el seis hasta el quince de julio. Se celebran en honor de San Fermín que nació en Pamplona y se hizo mártir en 287.
- La palabra **chupinazo** significa **chut** (inglés *shoot*) fuerte. En fútbol, **chutar** significa lanzar el balón de un puntapié (golpe dado de la punta del pie).

Ejercicio A. Escoja la respuesta correcta a base de lo que Ud. oyó en el video.

1. Las fiestas de San Fermín se celebran _____.
   a. en el mes de junio   b. en Pamplona   c. con bailes flamencos

2. El alcalde inaugura las fiestas _____.
   a. lanzando un cohete   b. cortando un tronco   c. levantando una piedra

3. _____ organizan las diversiones de las ferias de San Fermín.
   a. Los chupinazos   b. Los toreros   c. Las peñas

4. Unos gigantescos _____ se pasean por las calles.
   a. muñecos   b. turistas   c. cortadores de troncos

5. En el encierro _____.
   a. los muñecos pegan a la gente
   b. los toros liberados corren por las calles
   c. los pamploneses cantan y bailan

6. La gente que corre con los toros por las calles trata de evitar _____ del bravo animal.
   a. la velocidad   b. la caída   c. la embestida

7. La _____ del toro puede ser muy peligrosa.
   a. plaza   b. cornada   c. competición

8. El traje típico de las fiestas de San Fermín incluye _____.
   a. cinturón y boina rojos
   b. camisa roja y cinturón blanco
   c. boina blanca y pantalón rojo

Ejercicio B. Llene los espacios en blanco con la palabra o la frase correcta que se oye en el video.

1. gorra típica que lleva la gente durante las fiestas de San Fermín _____.

2. la persona que lanza el cohete inaugurando las fiestas _____

3. la carrera de los toros por las calles _____

4. desde sus balcones se lanza el cohete _____

5. el cohete lanzado _____

6. lugar donde termina el encierro _____

7. grupo de jóvenes que organizan actividades de las fiestas de San Fermín

_____

Ejercicio C. Escriba las palabras que derivan de las siguientes palabras tomadas del video. Escriba el artículo definido con los sustantivos.

1. encierro _____ (*verbo*)

2. gigantesco _____ (*sustantivo*)

3. velocidad _____ (*adjetivo*)

4. atropellar _____ (*sustantivo*)

5. toro _____ (*adjetivo*)

6. embestida _____ (*verbo*)

7. inaugurar _____ (*sustantivo*)

8. cornada _____ (*sustantivo*)

9. labor _____ (*adjetivo*)

10. hogar _____ (*adjetivo*)

Ejercicio D.   ¿Qué vio Ud.?
Indique las cosas que Ud. vio en el video.

_____ 1. una corrida de toros

_____ 2. hombre toca guitarra

_____ 3. personas comen paella

_____ 4. el chupinazo

_____ 5. unos chicos en moto

_____ 6. un partido de fútbol

_____ 7. fuegos artificiales

_____ 8. hombres disfrazados pegan a la gente con bolas

_____ 9. un centro comercial

_____ 10. hombre toca caramillo (*recorder*)

_____ 11. hombres llevan boina y cinturón rojos

_____ 12. chica toca tambor

Ejercicio E. Escenas de la vida: Una corrida de toros
¿Ha visto Ud. una corrida de toros? ¿Dónde la vio? Si no ha visto una, ¿leyó algo o vio una película sobre la corrida? Escriba una composición de seis a ocho oraciones sobre la corrida— cómo era la plaza, cómo se llamaban los toreros, qué pasó, cómo le impresionó, etcétera.

_____

_____

Harcourt Brace & Company

_____

_____

_____

_____

_____

_____

_____

_____

_____

_____

Ejercicio F. Composición
Escriba Ud. un resumen de cinco o seis oraciones sobre el video.

_____

_____

_____

_____

_____

_____

_____

_____

_____

Palabras y expresiones del video

Palabras afines

clásico	económico	la opinión	la profesión
la condición	la educación	la oportunidad	la radio
la década	el estereotipo	la posición	secretarial
la discriminación	el material	el prestigio	la televisión
dominar	la mentalidad	privado	

Otras palabras y expresiones

el ama de casa housewife
el ambiente atmosphere
las amistades friends
el canal channel
la clase alta/media upper/middle class
el/la cocinero/cocinera cook, chef
crecer (crezco) to grow
desafortunadamente unfortunately
desgraciadamente unfortunately
el/la disquero/disquera disc jockey
el/la dueño/dueña boss, owner
la empresa compañía
el/la enfermero/enfermera nurse
el estudio studio

el gobierno government
grabar to tape
el hogar home
imponer to impose
el/la lavandero/lavandera laundryman/laundress
el machismo ideología y comportamiento del hombre que se cree superior a la mujer
la niñera nursemaid
el papel role
el/la productor/productora producer
referir (e>ie) *(México)* echar en cara
los quehaceres domésticos household chores
el sentimiento feeling

Nota
- **Nunca se ha referido conmigo eso** significa dentro del contexto: **Nunca me han echado eso en cara** *(That has never been thrown in my face.)* Amalia Barreda, chicana, usa **referir**, que en México significa **echar en cara**.

Ejercicio A. ¿Quién dijo eso?
Identifique quién hizo los siguientes comentarios en el video. Escriba **AB** (Amalia Barreda), **LR** (Larissa Ruize) o **CG** (Chata Gutiérrez) al lado de las oraciones.

_____ 1. Nunca he tenido dificultades ser mujer hispana en mi profesión.

_____ 2. Yo tuve padres que insistieron que la educación era muy importante.

_____ 3. Yo digo que hay que darles material... y hay que darles las mismas oportunidades.

_____ 4. El papel de la mujer sigue siendo el de primero madre, esposa y ama de casa.

_____ 5. El machismo es un sentimiento que llevan todos los dominicanos muy adentro aunque sean hombres o sean mujeres.

_____ 6. Este ambiente sí ha sido dominado por los hombres... los estudios que graban.

_____ 7. Yo sé que me dieron trabajo cuando yo empecé en San Francisco en el canal cinco porque era mujer y era mujer hispana.

Ejercicio B. ¿Quién hace este trabajo?
Escoja las palabras que aparecen en la lista de vocabulario que correspondan a las siguientes descripciones.

1. prepara platos _____

2. cuida a los chiquillos _____

3. posee y dirige una empresa _____

4. hay afecto y confianza entre ellas _____

5. hace grabaciones en el estudio _____

6. trabaja en un hospital _____

7. pone discos en un programa de radio o en una discoteca _____

8. se ocupa de los quehaceres domésticos del _____

9. lava y plancha la ropa _____

Ejercicio C. Una entrevista con Ud.
Conteste las siguientes preguntas dando ejemplos cuando sea posible.

1. ¿Cree Ud. que existe el machismo en la sociedad norteamericana?

_____

_____

_____

2. ¿Para qué razones trabajan las mujeres en los Estados Unidos?

_____

_____

_____

3. ¿Qué significa la palabra _feminista_ para Ud.?

_____

_____

_____

4. Amalia Barreda dice que le dieron un trabajo en la televisión "porque era mujer y era mujer hispana". ¿Cree Ud. que una mujer debe ser contratada para un puesto porque es mujer o mujer hispana? ¿Por qué sí/no?

_____

_____

_____

5. ¿En general debe haber preferencias de raza o sexo en contratar?

_____

_____

_____

Ejercicio D. Escenas de la vida: La mujer norteamericana
Escriba una composición de siete u ocho oraciones sobre el papel de la mujer norteamericana. Describa las maneras en que la situación de la mujer ha mejorado legal, económica y socialmente desde mediados del siglo XX.

_____

_____

_____

_____

_____

_____

_____

_____

_____

_____

_____

_____

Harcourt Brace & Company

_____

_____

_____

_____

_____

Ejercicio E. Composición

Escriba una composición de siete u ocho oraciones sobre las mujeres a quienes más admiras y las razones por las cuales las estimas. Mencione a dos por lo menos.

_____

_____

_____

_____

_____

_____

_____

_____

_____

_____

_____

_____

_____

_____

_____

_____

_____

Harcourt Brace & Company

VIDEOMUNDO

LA MUJER HISPANA

24. LAS MADRES DE LA PLAZA DE MAYO

Palabras y expresiones del video

Palabras afines

acumular	la generación	el momento	socializar
la asociación	el genocidio	el/la psicoanalista	subversivo
formar	individual	repetir	
la fotografía	la maternidad	la represión	

Otras palabras y epxresiones

la aparición appearance
el asesino murderer
caminar to walk
la cárcel prison
    parar en la cárcel to end up in jail
la comisión directiva governing board
copar el poder to win, come to power
desaparecer (desaparezco) to disappear
la desaparición disappearance
embarazada pregnant
encapuchar to put a hood on
las entrañas entrails
la esperanza hope
la fuente source
las fuerzas strength, force
gritar to shout

imponer to impose
juntarse to get together
la luchadora fighter
luchar to fight
el militar soldier, military man
la norma rule
patear to kick
perdonar to forgive
producir (produzco/produje) to produce
reclamar to claim
reivindicar to vindicate
relegado al segundo plano relegated to
    second place
el sentimiento feeling
la tesorera treasurer
el valor courage

Suplemento

los (países) Aliados Allies (Segunda Guerra
    Mundial)
asesinar to murder
bárbaro cruel, fiero
el capitalismo
el comunismo
cruel
denunciar to denounce
el dictador
el Eje Axis powers (Segunda Guerra Mundial)
el enemigo enemy
el fascismo
el genocidio

la guerra fría
el holocausto
la huella trace
la libertad de expresión freedom of speech
    ____ de cultos freedom of religion
    ____ de prensa freedom of the press
    ____ individual individual freedom
llamado so-called
las matanzas en masa mass murder
perseguir to persecute
el tirano
totalitario

Harcourt Brace & Company

Notas

- La Argentina, país de enorme potencial económico, nunca ha podido realizarlo por varias razones, las más patentes quizás siendo la inestabilidad política y la corrupción. Juan Domingo Perón fue elegido presidente de la República por segunda vez en 1973, después de 18 años de exilio. Perón, al tomar el poder, nombró a su tercera esposa, María Estela Martínez, vice-presidente. Al morir Perón en 1974, Martínez asumió el poder. Durante su período de gobierno hubo una constante subversión en el país y la profunda crisis económica provocó un golpe de estado en 1976. Una Junta Militar encabezada por el general Jorge Rafael Videla tomó el poder y y éste fue nombrado presidente de la Argentina en 1978. En marzo de1981, el general Roberto Viola ocupó el cargo de presidente y cuando fue obligado a dimitir ocho meses después, lo sustituyó el general Leopoldo Fortunato Galtieri. Éste fue reemplazado después del conflicto de las Malvinas (*Falkland Islands*) en junio de1982, por el general Reynaldo Bignone. Durante este período de gobierno militar hubo una fuerte represión. Miles de personas consideradas disidentes fueron asesinadas o secuestradas (*kidnapped*) durante lo que se llamaba "la guerra sucia". El gobierno se llevó a estas personas, muchas de las cuales eran jóvenes, sin dejar indicios de su paradero (*whereabouts*). Se les llamaban los *desaparecidos*. Se comprobó después de la caída de los militares que casi todos los desaparecidos murieron torturados y asesinados brutalmente.
- Hubo elecciones democráticas a fines de octubre de 1983 y Raúl Alfonsín, jefe de la Unión Cívica Radical, fue elegido presidente de la República. Por los infatigables esfuerzos de las Madres de la Plaza de Mayo, el nuevo gobierno tuvo que emprender investigaciones sobre el paradero de los desaparecidos, que eran hijos suyos. En 1985, los generales Videla, Viola y Galtieri fueron condenados a varios años de cárcel por lo que habían hecho en iniciar y proseguir "la guerra sucia". Siguieron los problemas económicos y políticos hasta que en las elecciones presidenciales de mayo de 1989 ganó Carlos Saúl Menem del Partido Justicialista (Peronistas). Aunque Menem indultó (*granted a pardon*) a los generales sentenciados y seguían los problemas económicos de siempre, Menem ganó un segundo término en 1993.
- Hay muchos edificios públicos en la Plaza de Mayo, que queda en el centro de Buenos Aires, capital de la Argentina. Allí es donde las **Madres de la Plaza de Mayo** hacen sus manifestaciones en conmemoración de sus hijos *desaparecidos* durante "la guerra sucia" de los años setenta. Las Madres todavía caminan alrededor del monumento central en sentido opuesto a las agujas del reloj todos los jueves a las tres y media. Llevan la foto de su hijo prendida en el pecho.
- El trágico período de "la guerra sucia" fue tratado con veracidad y sensibilidad en la película argentina *La historia oficial* (1985).

Ejercicio A. Escoja la respuesta correcta a base de lo que Ud. oyó en el video.

1. Las Madres de la Plaza de Mayo se reúnen todavía para _____.
   a. discutir los problemas económicos de la Argentina
   b. comentar sobre los libros leídos
   c. reclamar por sus hijos muertos

2. Las dos madres entrevistadas cuentan que sus hijos desaparecieron en _____.
   a. 1982   b. 1976   c. 1993

3. Mercedes Meroño dice que sigue luchando para _____.
   a. reivindicar lo que querían sus hijos
   b. sacar a su hija de la cárcel
   c. hacer asesinar a los militares

4. Según las madres, los militares _____.
   a. eran subversivos   b. desaparecieron   c. jugaban con sus sentimientos

5. Los _____ quedaban relegados a segundo plano.

   a. padres   b. militares   c. psicoanalistas

6. Dicen los militares que se llevaron a los argentinos jóvenes porque éstos _____.

   a. querían hacer su servicio militar
   b. no estaban de acuerdo con las reglas militares
   c. querían vivir en el extranjero

7. Las madres entendieron la importancia de _____.

   a. hacer asesinar a los militares   b. la lucha colectiva   c. olvidarse del pasado

Ejercicio B. La política: Terror totalitario

Complete las siguientes oraciones con las palabras del video que faltan escogiéndolas de la lista. Haga los cambios necesarios.

valor	militar	perseguir
reivindicar	dictador	asesinar
apoyar	subversivo	denunciar
desaparecer	represión	

Los _____ (1) tomaron el poder iniciando un horrendo período

de _____ (2) en la vida política del país. El gobierno, encabezado

por un _____ (3) cruel, _____ (4) a los

ciudadanos que no _____ (5) su política.

Estos llamados _____ (6) se consideraban enemigos del Estado.

Miles de personas fueron _____ (7) y miles _____

___ (8) sin dejar ni una huella. En este ambiente de miedo y terror los vecinos

_____ (9) a los vecinos, los amigos a los amigos. Los que no

acababan en la cárcel o en un campo de concentración o desterrados a la tundra siberiana,

seguían luchando con _____ (10) para _____

(11) las ideas de la democracia y la libertad.

Ejercicio C. Asociaciones

Empareje la oración del video que está en la columna A con la oración asociada con ella que se encuentra en la columna B.

A	B
___ 1. Nos llamaban las locas de la Plaza de Mayo.	a. La madre quiere reivindicar lo que quería su hija.
___ 2. Socializamos la maternidad.	b. Y nunca más supe de ella.
___ 3. Estoy luchando para que esto no se olvide.	c. Después teníamos los nombres y las fechas que se los llevaron.
___ 4. Nosotras no somos asesinas como ellos son asesinos.	d. Las madres de los hijos desaparecidos.
___ 5. La fueron a buscar a su casa, pateando la puerta y estaba con sus tres hijos.	e. Los militares jugaban con los sentimientos de las madres.
___ 6. Yo soy Juana de Pergament.	f. Las madres no piden la muerte de los militares que asesinaron a sus hijos.
___ 7. Primero teníamos las fotografías de los hijos.	g. Tesorera de la Asociación de las Madres de la Plaza de Mayo.
___ 8. Había otros que te daban esperanzas.	h. Las madres, en grupo colectivo, compartían la pena de los hijos desaparecidos.

Ejercicio D. Escriba el sustantivo, con su artículo definido, o el verbo que deriva de las siguientes palabras que se oyen en el video.

1. esperanza _____ *(verbo)*

2. reivindicar _____ *(sustantivo)*

3. asesino _____ *(verbo)*

4. encapuchar _____ *(sustantivo)*

5. cárcel _____ *(verbo)*

6. patear _____ *(sustantivo)*

7. la aparición _____ *(verbo)*

8. gritar _____ *(sustantivo)*

9. entrañas _____ *(verbo)*

10. socializar _____ *(sustantivo)*

Ejercicio E. Composición
Escriba Ud. un resumen de nueve o diez oraciones del video. Describa cuál fue su reacción a la historia(¿fue conmovedora *[touching]?*)

_____

_____

_____

Harcourt Brace & Company

_____

_____

_____

_____

_____

_____

_____

_____

_____

_____

_____

_____

_____

_____

_____

Ejercicio F. Escenas de la vida: El totalitarianismo
Escriba una composición de doce o más oraciones sobre el comunismo y el nazismo. Explique en qué consiste el dogma de cada ideología política y cite ejemplos de la historia; por ejemplo el comunismo de la Unión Soviética (1917-91) o el nacionalsocialismo de Alemania (1933-45). Ud. debe hablar de los dos asesinos bárbaros de millones de europeos, que representan el comunismo y el nazismo respectivamente: José (Joseph) Stalin (1879-1953) y Adolfo (Adolph) Hitler (1889-1945). Haga investigaciones sobre Stalin, cuyo país Rusia era aliado de los Estados Unidos, Gran Bretaña y Francia en la Segunda Guerra Mundial y sobre el enemigo de los países Aliados, Hitler, que con Italia y Japón se unieron bajo el nomber del Eje. Consulte el *Suplemento* y el vocabulario del video.

_____

_____

_____

_____

Harcourt Brace & Company

Harcourt Brace & Company

Ejercicio G. Composición
Escriba una composición de nueve o diez oraciones haciendo un contraste entre el capitalismo democrático y el comunismo totalitario. Explique por qué el sistema comunista fue derrotado y por qué perdura el sistema democrático.

Harcourt Brace & Company

Palabras y expresiones del video

Palabras afines

el béisbol	humano	la persona
el color	internacional	el sistema
general	la oportunidad	la sociedad

Otras palabras y expresiones

aceptar to accept	**el juego** game
aconsejar to advise	**llevar a cabo** to carry out
adelantado ahead	**los medios de comunicación** media
aguantar to stand, put up with	**la mente** mind
aproximadamente approximately	**el militar** soldier, militaryman
el avión airplane	**la milla** mile
la barrera wall, barrier	**el narrador** spokesman, narrator
bautizar to baptize	**narrar** to speak about, report on, narrate
los bienes goods	**el noreste** northeast
el biógrafo biographer	**el origen** background, descent
el calibre importancia	**el paso** step
caribeño Caribbean	**el pedido** order
la competencia competition	**el pelotero** baseball player
convertirse en (e>ie) to become	**el periodista** reporter
el damnificado la víctima	**la piel** skin
deportivo sport *(adjetivo)*	**la población** population
dotado gifted	**el prejuicio** prejudice
superdotado extremely gifted	**el racismo** racism
el enlace liaison, connection	**recaudar** to collect
estrellarse to crash	**el sueño** dream
la figura important person	**el terremoto** earthquake
la fuerza intestinal internal fortitude	**el valor** courage
las Grandes Ligas Major Leagues	**el vuelo** flight
incomprendido misunderstood, unappreciated	

Suplemento

el aficionado fan	**empatar** to tie (score)
la base	**empatar a tres** to tie three-all
la base del bateador home plate	**el empate** tie (score)
el bate bat	**el entrenador** manager
el bateador batter	**el fildeo** fielding
batear to bat	**el guante** glove
el cátcher catcher	**el jardinero** outfielder

el jonrón
el lanzador pitcher
lanzar to throw
parar y devolver la pelota to field
la pelota ball

el receptor catcher
Se le zafó la pelota. The ball got away from him.
el técnico manager
el turno inning

Notas

- **Anastasio Somoza Debayle** (1925-80) fue presidente de Nicaragua de 1967 a 1972, reelegido en 1974 y derrocado en 1979. Murió asesinado en Paraguay. Su presidencia fue marcada por la corrupción.
- **No quiero que me tiren carpeta de rey** es un anglicismo. Se debe usar la expresión **recibir a alguien con todos los honores. Carpeta** significa *briefcase* o *folder. Carpet* es **alfombra** en español.
- El narrador dice que el **mundo se convierte más internacional.** Él quiere decir que el mundo **se pone** más internacional. **Convertirse en** + sustantivo significa *to become.*
- Por influencia de los Estados Unidos, **el béisbol** es muy popular en el Caribe, México, Venezuela y Centroamérica. El léxico del béisbol se ha exportado a estos países junto con el deporte: **jonrón, fildeo,** etcétera.
- Juan González, el pelotero entrevistado, apareció también en el segmento 12 del video.

Ejercicio A. Escoja la respuesta correcta a base de lo que Ud. oyó en el video.

1. Luis Mayoral es _____.
   a. pelotero   b. biógrafo de un pelotero famoso   c. el dueño de los Texas Rangers

2. Mayoral es de _____.
   a. Nicaragua   b. Puerto Rico   c. Texas

3. _____ fue el primer negro que jugó béisbol en las Grandes Ligas.
   a. Juan González   b. Roberto Clemente   c. Jackie Robinson

4. Roberto Clemente murió en mil novecientos _____.
   a. cuarenta y siete   b. veintitrés   c. setenta y dos

5. Roberto Clemente murió _____.
   a. cuando se estrelló su avión   b. visitando a Somoza   c. jugando béisbol

6. Según Luis Mayoral, Clemente se destaca más que nada por _____.
   a. su número de jonrones   b. sus esfuerzos humanitarios   c. su fuerza intestinal

7. Luis Mayoral lleva _____ con los Texas Rangers.
   a. tres años   b. una década   c. varios meses

Ejercicio B. Indique si las siguientes oraciones son ciertas (C) o falsas (F) a base de lo que Ud. oyó en el video.

_____ 1. Luis Mayoral cree que hay menos racismo en el béisbol que en la sociedad en general.

_____ 2. Luis Mayoral dice que Juan Rodríguez y Juan González son superdotados.

_____ 3. Mayoral exige que los peloteros lo traten como rey.

_____ 4. Roberto Clemente viajó a Nicaragua para llevarles bienes a las víctimas de un terremoto.

_____ 5. Según Juan González, los peloteros quieren y estiman mucho a Luis Mayoral.

Harcourt Brace & Company

Ejercicio C. Escriba los sustantivos o verbos que derivan de las siguientes palabras que se oyen en el video. Escriba el artículo definido con el sustantivo.

1. el vuelo _____ *(verbo)*

2. bautizar _____ *(sustantivo)*

3. el enlace _____ *(verbo)*

4. recaudar _____ *(sustantivo)*

5. la competencia _____ *(verbo)*

6. aconsejar _____ *(sustantivo)*

7. el origen _____ *(verbo)*

8. cuidar _____ *(sustantivo)*

Ejercicio D. Complete las siguientes oraciones con las palabras del *Suplemento* que faltan.

1. Antonio Pérez es un gran _____. _____ la

   pelota a noventa y ocho millas por hora.

2. Los equipos están entrando en el décimo _____ porque

   _____ a dos.

3. Ahora llega Canseco con la bate en la mano a la _____. ¡Los

   aficionados saben que verán un _____ como siempre!

4. El técnico dice que el _____ de su equipo es pésimo. Se enfadó

   con los _____ porque no pudieron ni parar ni devolver la

   pelota.

Ejercicio E. Escriba un resumen de seis o siete oraciones del video.

_____

_____

_____

_____

_____

Harcourt Brace & Company

_____

_____

_____

_____

_____

_____

_____

_____

_____

_____

_____

Ejercicio F. Escenas de la vida: Peloteros hispanoamericanos
Hay varios peloteros de países hispanoamericanos que juegan actualmente o que jugaban en
equipos de las Ligas Mayores estadounidenses; por ejemplo, Felipe, Jesús y José Alou, Roberto y
Sandy Alomar, José Canseco y Tony Peña. Escriba una composición de nueve o diez oraciones
sobre estos peloteros y otros, de dónde son, el nombre de su equipo, la posición que juegan,
etcétera.

_____

_____

_____

_____

_____

_____

_____

_____

Harcourt Brace & Company

Harcourt Brace & Company

Palabras y expresiones del video

Palabras afines

el béisbol	la garantía	participar	el resto
el caddy	el ídolo	privado	el training
la fundación	marcar	problema	
el golf	el obstáculo	público	

Otras palabras y expresiones

el apodo nickname
el arroz y habichuela rice and beans *(plato puertorriqueño)*
la bola ball
el caballero gentleman
el campo de golf golf course
la cancha course, court
el centavo cent
criarse to grow up, be raised
el deporte sport
la desventaja disadvantage
el ejército army
el equipo team
el estado state
ganar to win

ganarse la vida to earn a living
la gira de golf golf tour
el gobernador governor
el golfista golfer
el hoyo hole
el juego game
el jugador player
natural nativo
la pelota ball
el pelotero baseball player
planchar to make an error
ponchar to strike out *(baseball)*
probar (o>ue) to prove
la ventaja advantage

Suplemento

el agujero hole
el carrito caddy (vehículo que lleva palos de golf)
el césped grass
dar el primer golpe to tee off
Fore! ¡Cuidado! *(golf)*
el golf miniatura
el palo de golf golf club
el tee soporte donde se pone la pelota

Notas
- La palabra **golfo** que se oye en el video es ejemplo de un anglicismo al que se ha añadido la desinencia del sustantivo masculino, **-o-**. En español el nombre del deporte es **el golf**. **Golfo** significa *gulf, bay, loafer* or *urchin*.

Ejercicio A. Escriba respuestas a las siguientes preguntas a base de lo que Ud. oyó en el video.

1. ¿Cuál es el apodo de Juan Antonio Rodríguez?

   _____

2. ¿Cómo recibió Juan Antonio Rodríguez su apodo?

   _____

3. ¿Cómo llegó Rodríguez a tener el nombre Juan Antonio?

   _____

4. ¿De dónde es Chi Chi Rodríguez?

   _____

5. ¿Para qué salió Chi Chi de Puerto Rico?¿Adónde fue?

   _____

6. ¿Cuántos años tenía Chi Chi cuando se fue de Puerto Rico?

   _____

7. ¿Cuándo empezó Rodríguez a viajar por los Estados Unidos en las giras de golf?

   _____

Ejercicio B. Escoja la respuesta correcta a base de lo que Ud. oyó en el video.

1. Chi Chi Rodríguez dice que le gusta _____.
   a. el arroz con habichuelas   b. el pollo frito   c. la sopa de legumbres

2. Chi Chi Flores era _____.
   a. el abuelo de Chi Chi   b. pelotero   c. golfista

3. La primera vez que marcó pelotas para los golfistas, Chi Chi Rodríguez ganó

   _____ centavos por _____ hoyos.
   a. veinticinco/nueve   b. setenta/dieciocho   c. diez/dieciocho

4. Según Chi Chi Rodríguez, el _____ piensa establecer una fundación para niños con problemas en Puerto Rico.
   a. gobernador de Puerto Rico   b. alcalde de San Juan   c. jefe del club de golf

5. El béisbol es más popular que el golf en Puerto Rico porque _____.
   a. cuesta más dinero   b. hay muchos peloteros   c. es un deporte menos caro

6. Chi Chi Rodríguez quiere que la gente lo recuerde como _____.
   a. el mejor golfista del mundo
   b. caballero y amigo de todos
   c. un gran pelotero puertorriqueño

Ejercicio C. Indique si las siguientes oraciones son ciertas (C) o falsas (F) a base de lo que Ud. oyó en el video.

_____ 1. Chi Chi Rodríguez empezó su profesión marcándoles pelotas a los golfistas.

_____ 2. Hace muchos años que Puerto Rico tiene canchas públicas de golf.

_____ 3. Chi Chi Rodríguez quiere que todos los puertorriqueños tengan la oportunidad de jugar golf.

_____ 4. Chi Chi Rodríguez se considera pobre todavía.

_____ 5. Chi Chi Rodríguez ha vivido tanto tiempo en los Estados Unidos como en Puerto Rico.

_____ 6. Chi Chi Rodríguez cree que todos pueden triunfar en la vida.

Ejercicio D. Complete las siguientes oraciones con las palabras que se encuentran en el *Suplemento*.

1. Sólo jugaron nueve _____ en ese campo de golf.

2. No puedo dar el primer golpe porque mis _____ están en el carrito todavía.

3. Se grita ¡_____! antes de dar el golpe con el palo.

4. Se coloca la pelota en el _____ para soportarla.

5. Se nos perdió la pelota en el _____.

Ejercicio E. Escriba un resumen de siete u ocho oraciones del video.

_____

_____

_____

_____

_____

_____

_____

_____

_____

_____

_____

_____

_____

_____

_____

_____

_____

Ejercicio F. Escenas de la vida: Jugando golf
Escriba una composición de nueve o diez oraciones describiendo el golf, cómo se juega, quiénes son los golfistas más célebres, etcétera.

_____

_____

_____

_____

_____

_____

_____

_____

_____

_____

_____

_____

Harcourt Brace & Company

Palabras y expresiones del video

Palabras afines

famoso   el gol   la importancia   importante   el soccer

Otras palabras y expresiones

adquirir to get, acquire
a raíz de right after, as a result of
a través de over
el balompié el fútbol
el cantor singer

la Copa Mundial World Cup
el deporte sport
el fútbol soccer
el reportero announcer

Suplemento

el balón de fútbol soccer ball
la defensa
el delantero forward
la falta foul
el futbolista jugador de fútbol

el golero goalie
marcar un gol to score a goal
el portero goalie
la portería goal (on playing field)
la meta goal (on playing field)

Ejercicio A. Conteste las siguientes preguntas a base de lo que Ud. oyó en el video.

1. El deporte más importante de Latinoamérica es _____.

2. Este deporte también se le conoce como _____.

3. Este deporte es muy popular en los Estados Unidos a raíz de

   _____.

4. Se ven partidos de fútbol en _____.

5. El locutor es célebre por decir _____.

Ejercicio B. *¿Qué sabe Ud. del fútbol?* Indique si las siguientes oraciones son correctas (C) o falsas (F) a base de sus conocimientos del fútbol. Si la información es falsa, corríjala.

_____ 1. Hay nueve jugadores en cada equipo.

_____ 2. Los futbolistas tratan de mandar un balón hacia la portería contraria.

_____ 3. Se marca un gol lanzando el balón con las manos.

_____ 4. El golero trata de impedir que entre en la meta el balón enviado por el equipo rival.

_____ 5. Los futbolistas suelen usar zapatos de tenis.

_____ 6. En el fútbol hay que dar cabezazos, codazos y patadas.

Ejercicio C. Escenas de la vida: El fútbol

Escriba una composición de siete u ocho oraciones sobre un partido de fútbol en que Ud. jugó o uno que vio, quizás en Univisión. Describa cómo era el campo, quiénes eran los futbolistas, cuántos goles marcaron, qué tal la defensa, los goleros, etcétera.

Harcourt Brace & Company

Ejercicio D. *Composición*

Escriba una composición de siete u ocho oraciones sobre los grandes jugadores y equipos del fútbol y de la Copa Mundial.

_____

_____

_____

_____

_____

_____

_____

_____

_____

_____

_____

_____

_____

_____

_____

_____

_____

_____